간추린 가톨릭 교리 문답

CATECISMO MENOR De la Familia
SAN PABLO Perú

Copyright 2012 por ARZOBISPADO DE LIMA
Korean translation copyright © 2021 by ST PAULS, Seoul, Korea

간추린 가톨릭 교리 문답

발행일 2021. 4. 15

엮은이 페루 성바오로수도회
옮긴이 김영주, 김용석
펴낸이 서영주
총편집 황인수
편집 손옥희, 김정희　**디자인** 최영미
제작 김안순　**마케팅** 서영주　**인쇄** 아트프린팅

펴낸곳 성바오로
출판등록 7-93호 1992. 10. 6
주소 서울특별시 강북구 오현로7길 20(미아동)
취급처 성바오로보급소　**전화** 944-8300, 986-1361
팩스 986-1365　**통신판매** 945-2972
E-mail bookclub@paolo.net
인터넷 서점 www.paolo.kr
www.facebook.com/stpaulskr

값 7,000원
ISBN 978-89-8015-930-7
교회인가 서울대교구 2021. 3. 25　**SSP** 1078

• 공동 번역 성서에 대한 저작권은 대한성서공회에 있습니다.

이 책은 저작권법의 보호를 받으므로 무단전재와 무단복제를 금합니다.
이 책 내용의 전부 또는 일부를 재사용하려면 반드시 저작권자와 성바오로출판사의 동의를 얻어야 합니다.

페루 성바오로수도회 엮음
김영주·김용석 옮김

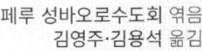

간추린
가톨릭
교리 문답

추천의 글

『간추린 가톨릭 교리 문답』은 제가 선교지에 도착해서 가장 먼저, 가장 열심히, 그리고 가장 많이 보급한 소책자입니다. 이 소교리서는 페루에서만 80만 부가 보급되었고 지금도 계속해서 선교지 곳곳으로 보급되고 있습니다.

저는 2016년부터 볼리비아 산타크루스에서 선교사로 일하고 있습니다. 그해에 처음 볼리비아에 도착한 우리 다섯 사람의 수도회원들은 이 넓은 땅에서 살아가는 사람들의 복음화를 위해 가장 시급한 것이 무엇일지 살펴보았습니다. 여러 가지 부족한 부분이 보이기 시작했는데, 그중에 가장 필요한 것 가운데 하나는 남녀노소 누구나 보기 쉽고 이해하기 쉬운 교리서였습니다. 지역 복음화를 위해 무엇보다 절실한 것은 성경 보급이겠지만 복자 야고보 알베리오네의 "성경 공부는 교리서에서 시작되며 이 교리서는 하느님에 관해 매우 쉽고 단순하게 설명해 준다."는 말씀에

힘입어 저렴하면서도 간략하고 알기 쉬운 그리고 종합적인 교리서 『간추린 가톨릭 교리 문답』을 지역 복음화를 위해 보급하자는 것이었습니다. 그래서 리마의 성바오로 공동체에서 펴낸 『간추린 가톨릭 교리 문답』을 준비하여 볼리비아 산타크루스 대교구장님의 인가를 받았고 지역 복음화를 위해 볼리비아에서도 보급을 시작하게 되었습니다. 이 종합 소교리서의 특징은 누구나 쉽게 볼 수 있는 아주 간략한 문답형이면서 『가톨릭 교회 교리서』 형식을 따르는 데 있습니다. 이 소교리서가 한국 신자들에게도 도움이 될 수 있기를 바랍니다. 교리서야말로 성경을 보다 잘 설명하는 완전한 책이기 때문입니다.

성바오로수도회 김용석 자선 도마 신부

추천의 글

교리란 008

제1편 신앙 고백 011
제1부 "저는 믿나이다." – "우리는 믿나이다." 012
제1장 하느님을 알 수 있는 인간
제2장 인간을 만나러 오시는 하느님
제3장 하느님에 대한 인간의 응답

제2부 그리스도교 신앙 고백: 신경들 024
제1장 천주 성부를 믿나이다
제2장 하느님의 외아들 예수 그리스도를 믿나이다
제3장 성령을 믿나이다

제2편 그리스도 신비의 기념 071
제1부 성사의 경륜 073
제1장 교회 시대의 파스카 신비
제2장 파스카 신비의 성사적 거행

제2부 교회의 일곱 성사 081
제1장 그리스도교 입문 성사들
제2장 치유의 성사들
제3장 친교에 봉사하는 성사

차례

제3편 그리스도인의 삶 107
제1부 인간의 소명: 성령 안의 삶 108
제1장 인간의 존엄성
제2장 인류공동체
제3장 하느님의 구원: 법과 은총

제2부 십계명 137
제1장 네 마음을 다하고 네 목숨을 다하고 네 정신을 다하여 주 너의 하느님을 사랑해야 한다
제2장 네 이웃을 네 자신처럼 사랑해야 한다

제4편 그리스도인의 기도 161
제1부 그리스도인의 삶과 기도 162
제1장 기도에 대한 계시
제2장 기도의 전통
제3장 기도 생활

제2부 주님의 기도 "우리 아버지" 172

교리란

001. 교리는 무엇인가요?

✜ 교리는 우리가 믿고 고백하는 진리의 총체이며, 교회가 하느님의 이름으로 모든 그리스도인과 선의를 지닌 사람들에게 제공하는 선물입니다.

002. 왜 가톨릭교회라고 부르나요?

✜ '가톨릭'은 보편적이라는 뜻으로서, 교회가 세상 모든 곳의 가톨릭 신자들에게 주어졌으며 세상 끝 날까지 지키고 전해야 할 예수 그리스도의 가르침들을 담고 있기 때문에 교회를 "가톨릭교회"라고 부릅니다.

003. 교리는 무엇에 관하여 말하고 있나요?

✜ 네 가지에 관해 말하고 있습니다. 첫째 우리가 믿

어야 할 신경, 둘째 우리가 거행해야 할 전례, 셋째 우리가 지켜야 할 계명들, 넷째 우리가 바쳐야 할 주님의 기도에 대해 말하고 있습니다.

§ 본문의 성경은 공동 번역 성서를 사용했습니다.

제1편

신앙 고백

제1부 '저는 믿나이다.' - '우리는 믿나이다.'

제1장 하느님을 알 수 있는 인간

004. 믿는다는 것은 무엇인가요?
- 믿는다는 것은 우리에게 자신을 드러내시고 내어주신 하느님께 응답하는 것입니다.

005. 인간이 하느님께 응답할 수 있는 이유는 무엇인가요?
- 하느님의 모습과 비슷하게 창조된 인간은 그 본성으로 하느님과 관계를 맺는 종교적인 존재로 불리었기 때문입니다.

006. 종교적이란 것은 무슨 의미인가요?
- 인간의 마음 안에는 하느님의 계획이 새겨져 있고

인간은 하느님과 친교 안에서 참행복을 찾을 수 있다는 것입니다.

007. "본성으로"는 무엇을 의미하나요?
✣ 인간이 타고난 이성의 빛으로 하느님을 알 수 있음입니다.

008. "불리었음"는 무엇을 의미하나요?
✣ 인간은 하느님을 알고 사랑하도록 불린 존재라는 것을 의미합니다.

009. 인간인 우리가 하느님에 대해 이야기할 수 있나요?
✣ 예, 완전하진 않지만 우리의 언어를 통해 하느님에 대해 이야기할 수 있습니다.

010. 그리스도인인 우리는 왜 하느님에 대해 이야기해야 하나요?

✣ 하느님 없이 인간은 인생의 참된 의미를 발견할 수도, 완전한 행복에 이를 수도 없기 때문입니다.

제2장 인간을 만나러 오시는 하느님

011. 우리는 왜 하느님을 알기 위해 노력해야 하나요?
✣ 하느님께서 우리에게 큰 사랑을 드러내기를 원하시기 때문입니다.

012. 당신 자신을 드러낸다는 것은 무슨 의미인가요?
✣ 하느님께서는 인간에게 당신의 신적 생명과 구원 계획을 알려 주신다는 뜻입니다.

013. 하느님은 어떻게 당신 자신을 드러내셨나요?
✣ 행적과 말씀을 통해 드러내셨습니다.

014. 하느님은 언제 당신 자신을 드러내기 시작하셨나요?
✢ 처음부터 창조를 통하여 원조(元祖)들에게 드러내기 시작하셨습니다.

015. 하느님은 당신 자신을 드러내기 위해 어떤 단계를 걸으셨나요?
✢ 역사의 단계를 걸으셨습니다.

016. 하느님이 역사 속에서 언제 어떻게 자신을 드러내셨나요?
✢ 하느님은 처음에 우리의 원조인 아담과 하와에게, 그다음은 노아, 아브라함, 모세에게 그리고 사제와 예언자들에게 자신을 드러내셨습니다.

017. 하느님 계시의 마지막 단계는 무엇인가요?
✢ 계시의 완성인 예수 그리스도의 삶과 행적입니다.

018. 하느님 계시는 우리에게 어떻게 전달되나요?
✢ 예수님께서 열두 사도 위에 세우신 교회를 통하여 전달됩니다.

019. 사도들은 하느님의 계시를 우리에게 어떻게 전달했나요?
✢ 성령의 감도를 받아 구두(말)와 기록(문서)으로 전달했습니다.

020. 기록(문서)에 의한 계시를 우리는 어디에서 찾을 수 있나요?
✢ 하느님의 말씀인 성경에서 찾을 수 있습니다.

021. 구두(말)로 이루어진 계시는 어디에서 드러나나요?
✢ 모든 세대에게 하느님의 말씀을 생생히 전달하는 교회의 전승 안에서 드러납니다.

022. 하느님 계시의 해석은 누구에게 맡겨졌나요?
✥ 교회의 교도권 즉 교황 그리고 교황과 일치하는 주교들에게 맡겨졌습니다.

023. 성경의 저자는 누구인가요?
✥ 하느님 자신이십니다.

024. 성경의 각 책들은 누가 기록하였나요?
✥ 하느님께 영감을 받은 인간 저자들이 참저자로서 하느님께서 원하시는 모든 것을, 또 원하시는 것만을 기록하였습니다.

025. '하느님께서 성경의 저자이시다.'라는 말은 무엇을 의미하나요?
✥ 성경은 하느님의 말씀이며 성령의 감도로 쓰였다는 것을 의미합니다.

026. 성경은 무엇을 가르치나요?
- 성경은 우리 구원에 대한 진리를 그르침 없이 가르칩니다.

027. 누가 하느님에게서 성경 해석의 위임을 받았나요?
- 성령의 도움을 받는 교회의 교도권입니다.

028. 성경은 몇 권의 책으로 구성되었나요?
- 구약 성경 46권, 신약 성경 27권으로 모두 73권으로 구성되었습니다.

029. 성경 전체의 중심은 무엇인가요?
- 성경 전체의 중심은 구약에서 준비되었고 신약에서 실현된 예수 그리스도의 신비입니다.

030. 성경과 관련하여 교회는 우리에게 무엇을 요구하나요?

✤ 교회는 성경이 우리 영혼의 양식이 되고 그리스도에 대한 지고의 지식을 얻기 위해 성경을 자주 읽으라고 권고합니다.

031. 정경은 무엇인가요?
✤ 교회는 사도전승에 따라서 어떤 문서들이 성경 목록에 포함되어야 할지를 판단하였고, 이렇게 선택된 목록을 성경의 '정경'正經이라고 합니다.

제3장 하느님에 대한 인간의 응답

032. 성경에서 인간은 하느님의 부르심에 어떻게 응답하나요?
✤ 인간은 믿음의 순종, 곧 하느님의 말씀에 자유로이 순종함으로써 응답합니다.

033. 믿음이란 무엇인가요?

✤ 믿음은 하느님의 선물이며, 인간이 지성과 의지로 하느님의 계시를 믿고 의지하는 것입니다.

034. 그리스도인인 우리는 누구를 믿어야 하나요?

✤ 우리는 오직 한 분이신 하느님 성부, 성자, 성령을 믿어야 합니다.

035. 신앙은 초자연적 선물인가요?

✤ 예, 신앙은 초자연적 선물입니다. 인간이 믿기 위해서는 하느님의 도움이 필요하기 때문입니다.

036. 신앙은 인간 행위인가요?

✤ 예, 신앙은 인간 행위입니다. 인간의 지성과 의지가 하느님 은총과 협력하기 때문입니다.

037. 왜 신앙 행위는 자유에 맡겨져 있나요?

✥   인간은 믿고 싶어야 믿을 수 있으며, 신앙은 인격적인 결단이기 때문입니다.

038. 신앙은 왜 공동체적 행위인가요?
✥   우리가 고백하는 신앙은 우리의 어머니인 교회의 믿음이며 모든 그리스도인은 그의 품 안에서 신앙을 받기 때문입니다.

039. 우리는 왜 믿나요?
✥   하느님의 권능과 사랑을 받아들이기 때문입니다.

040. 우리는 무엇을 믿나요?
✥   우리는 교회가 계시한 모든 것과 교회가 가르치는 바를 믿습니다.

041. 우리의 구원을 위해 신앙이 필요한가요?
✥   예, 필요합니다. 주님께서는 친히 "믿고 세례를 받

는 사람은 구원을 받겠지만 믿지 않는 사람은 단죄를 받을 것이다."(마르 16,16)라고 말씀하셨습니다.

042. 교리서 제1편에서는 무엇에 대해 말하고 있나요?
✤ 우리의 신앙 고백인 신경에 대해 말하고 있습니다.

043. 믿음을 가지고 신경을 외우는 것은 무엇을 의미하나요?
✤ 성부, 성자, 성령이신 하느님과 그리고 교회 전체와의 친교로 들어가는 것을 의미합니다.

044. 신경은 어떻게 나누어져 있나요?
✤ 세 부분으로 나누어집니다. 첫째 부분은 창조주이신 하느님 아버지, 둘째 부분은 구세주이신 하느님 아들, 셋째 부분은 우리 성화의 근본이며 원천이신 하느님 성령에 대한 부분입니다.

045. 신앙은 몇 개의 절로 구성되어 있나요?

✥ 열두 절로 구성되어 있습니다.

제2부 그리스도교 신앙 고백 : 신경들

제1장 천주 성부를 믿나이다

046. 신경의 첫째 항목은 무엇인가요?
✜ "전능하신 천주 성부 천지의 창조주를 저는 믿나이다."입니다.

047. 하느님은 누구신가요?
✜ 하느님은 모든 것의 시작이며 마침이십니다.

048. 하느님은 어떤 위대함과 위엄을 지니셨나요?
✜ 하느님은 살아 계시고 전능하시며, 영원불멸하시고, 지혜로우며 선하신 분입니다. 하느님은 존재하는 모든 것의 근원입니다. 하느님은 당신의 모든 피조물을 자비로이 돌보시며, 다정하고 성실하신 참

아버지로서 사랑과 진리로 충만하신 분입니다.

049. 하느님께 대한 믿음은 우리 삶에 어떤 의미를 주나요?
✣ 우리를 향한 하느님의 선하심과 사랑을 알아듣고 감사드리며 그분과 함께 살아가는 것이 삶임을 가르쳐 줍니다.

050. 또 다른 의미는 무엇인가요?
✣ 하느님께서 우리와 같은 존엄성을 지닌 모든 사람을 사랑하신다는 것을 깨닫고, 창조된 만물을 선용하며 언제나 하느님을 신뢰해야 한다는 것입니다.

051. 신앙의 신비란 무엇인가요?
✣ 하느님께서 인간에게 계시할 때에만 알 수 있는 진리입니다.

052. 우리 신앙의 첫째 신비는 무엇인가요?

✢ 거룩한 삼위일체 신비입니다.

053. 거룩한 삼위일체 신비는 무엇인가요?

✢ 한 분이신 참하느님 안에 서로 구별되는 세 위격이 계시다는 것입니다.

054. 우리는 어떻게 이 신앙의 진리를 알게 되었나요?

✢ 이 신비는 하느님의 아들 예수 그리스도의 강생과 성령의 파견으로 우리에게 계시되었습니다.

055. 우리는 어떻게 삼위일체의 신비와 그 삶에 참여할 수 있나요?

✢ 성부와 성자와 성령의 이름으로 받는 세례의 은총을 통하여 참여할 수 있습니다.

056. 결론적으로 삼위일체에 관한 가톨릭 신앙은 무엇인

가요?
- ✥ 같은 영광과 영원한 위엄을 지니신 서로 구별되는 세 위격 성부, 성자, 성령 안에서 한 분이신 하느님을 믿고 흠숭합니다.

057. 전능하신 하느님은 무엇을 의미하나요?
- ✥ 하느님께서는 모든 것을 하실 수 있으며 그분께는 불가능한 것이 없음을 의미합니다.

058. 하느님 전능의 특징들은 무엇인가요?
- ✥ 하느님의 전능은 우주적이고 자비로우며 신비롭습니다.

059. 하느님은 당신의 전능한 사랑을 어떻게 드러내셨나요?
- ✥ 하느님께서는 세상과 인간을 창조하시고, 창조된 모든 것을 돌보시는 사랑으로 지속적으로 당신

사랑을 드러내십니다.

060. 하느님은 전능하신 당신 사랑의 첫 증거를 어떻게 드러내셨나요?
✣ 세상과 인간을 창조하심으로 드러내셨습니다.

061. 하느님께서 창조주시라는 것은 무엇을 의미하나요?
✣ 하느님께서 존재하는 모든 것을 무에서 자유로이 아무 도움 없이 창조하셨음을 의미합니다.

062. 세상 창조의 목적은 무엇인가요?
✣ 하느님께서는 당신의 영광을 드러내고 함께 나누시기 위해 세상을 창조하셨습니다.

063. 교회는 창조에 관한 성경 본문을 어떻게 이해하도록 가르치나요?
✣ 과학이 아닌 종교적 목적으로 문학 양식을 사용

하여 쓰인 역사적 진리로 가르칩니다.

064. 하느님의 영광은 무엇인가요?
✛ 하느님의 진선미에 참여하는 것이며, 이 영광을 위하여 세상이 창조되었습니다.

065. 창조 행위는 주로 누구에게 맡겨졌나요?
✛ 창조 행위는 하느님 아버지께 맡겨졌습니다.

066. 하느님의 섭리란 무엇인가요?
✛ 하느님께서 지혜로이 인간과 당신의 창조물을 돌보고 이끄시는 것입니다.

067. 하느님의 섭리 앞에 우리는 어떤 태도를 지녀야 하나요?
✛ 자녀로서 하늘에 계신 아버지를 대하셨던 예수님의 신뢰를 우리도 지녀야 합니다.

068. 하느님의 섭리는 홀로 작용하나요?
- 아닙니다. 피조물과 인간의 행위를 통해서도 작용합니다.

069. 악은 왜 존재하나요?
- 악은 죄의 결과입니다.

070. 하느님께서는 악을 만드는 분이신가요?
- 아닙니다. 하느님께서는 직접적으로든 간접적으로든 결코 악의 원인일 수 없습니다.

071. 하느님께서는 왜 악을 허용하셨나요?
- 하느님께서는 인간의 자유와 그 결과를 존중하시며, 악으로부터 선을 이끌어 내실 수 있기 때문입니다.

072. 하느님께서 '하늘과 땅의 창조주'이심은 어떤 의미인

가요?
✣ 하느님께서 존재하는 모든 것, 곧 천사들, 인간 그리고 유형무형의 세상을 창조하셨다는 뜻입니다.

073. 천사들은 누구인가요?
✣ 천사들은 지성과 의지를 지닌 영적 피조물들로서 하느님의 심부름꾼이며 전령입니다.

074. 천사들의 임무는 무엇인가요?
✣ 그들의 임무는 끊임없이 하느님을 영광스럽게 하며 하느님의 뜻대로 살아가도록 인간을 돕는 것입니다.

075. 교회는 천사들을 공경하나요?
✣ 예, 교회는 전례 안에서 그리고 그리스도인의 삶 안에서 천사들을 공경합니다.

076. 악마들은 누구인가요?

✤ 악마들은 타락한 천사들입니다. 그들은 하느님을 섬기고 흠숭하고 복종하기를 스스로 거부하며, 사람들이 하느님으로부터 멀어지도록 유혹하면서 영원히 그리고 끊임없이 하느님을 반대하는 존재들입니다.

077. 하느님께서 세상을 창조하셨다는 것은 무엇을 의미하나요?

✤ 하느님께서 자연 전체와 존재하는 모든 것을 무에서 창조하셨음을 의미합니다.

078. 창조에 위계가 있나요?

✤ 예, 인간은 창조 업적의 절정인데 그것은 유형의 피조물들 중에서 인간만이 하느님을 알고 사랑할 수 있기 때문입니다.

079. 하느님께서는 인간을 어떻게 창조하셨나요?
✣ 하느님의 모습으로 창조하셨습니다.

080. 하느님의 모습으로 창조되었음은 무엇을 의미하나요?
✣ 존엄한 인격을 부여받은 존재임을 의미합니다. 인간은 단순히 '어떤 것'이 아니라 "어떤 인격"이며 수단이 아니라 목적 그 자체입니다.

081. 인간은 누구인가요?
✣ 인간은 육체와 영혼이 하나로 결합된 존재입니다.

082. 영혼은 무엇인가요?
✣ 영혼은 하느님께서 직접 창조하신 인간의 영적 근원을 가리킵니다.

083. 인간은 하느님으로부터 어떻게 창조되었나요?

✥ 인간은 원초적인 거룩함과 의로움의 상태로 창조되었습니다.

084. 하느님께서 인간을 남자와 여자로 창조하셨음은 무슨 의미인가요?
✥ 모든 사람은 남성 또는 여성으로 창조되었습니다. 이러한 창조는 동등한 존엄성을 지니고 창조된 남자와 여자가 서로를 위하고 일치하여 살아가며 가정을 이루는 것을 의미합니다.

085. 인간이 죄를 짓기 전 하느님과의 관계는 어떠했나요?
✥ 인간은 낙원에서 행복의 원천인 하느님과 친밀한 관계를 맺고 있었습니다.

086. 죄를 범한 첫 피조물은 누구였나요?
✥ 죄를 범한 첫 피조물은 사탄입니다.

087. 그의 죄는 무엇이었나요?

✣ 하느님 섬기기를 자유로이 그리고 결정적으로 거부한 것이었습니다.

088. 우리의 원조들이 지은 죄는 무엇인가요?

✣ 자유를 남용하고 하느님 명령에 순종하지 않음으로써 하느님보다 자신을 더 좋아한 것입니다.

089. 그 첫 번째 죄를 무엇이라고 부르나요?

✣ 원죄라고 부릅니다.

090. 첫 인간에게 가져온 원죄의 결과는 무엇인가요?

✣ 아담은 자신과 모든 후손들을 위해 하느님께 받은 거룩함과 원초적 의로움을 상실했습니다.

091. 아담의 후손에게는 어떤 결과를 가져왔나요?

✣ 우리의 인간 본성은 그 힘이 약해져, 무지와 고통

과 죽음의 지배에 놓이게 되었으며, 죄로 기우는 경향을 지니게 되었습니다.

092. 원죄 이후 하느님께서 인간을 버리셨나요?
✢ 하느님은 인간을 버리시기는커녕 오히려 악을 이기고 타락에서 다시 일어서게 하리라는 것을 신비로운 방법으로 알려 주셨습니다.

093. 악에 대한 승리의 이 소식은 무엇을 담고 있나요?
✢ 하느님의 아들 예수 그리스도의 기쁜 소식을 담고 있습니다.

제2장 하느님의 외아들 예수 그리스도를 믿나이다

094. 신경의 둘째 항목은 무엇인가요?
✢ "그 외아들 우리 주 예수 그리스도를 믿나이다."입

니다.

095. 예수 그리스도는 누구신가요?
✣ 삼위일체의 둘째 위격이시며 사람이 되신 하느님의 말씀이십니다.

096. "예수"라는 이름은 무슨 뜻인가요?
✣ "예수"라는 이름은 '구원자', 곧 "하느님께서 구원하신다."는 뜻입니다.

097. "그리스도"라는 이름은 무슨 뜻인가요?
✣ '기름부음받은이' 곧 성령으로 충만하며 하느님으로부터 파견된 "메시아"라는 뜻입니다.

098. 예수 그리스도께 대한 믿음은 우리에게 무엇을 요구하나요?
✣ 예수 그리스도께서 하느님의 아드님이심을 믿고

그분을 주님이라 부르는 것을 요구합니다.

099. 예수님이 하느님의 아들이시라는 것은 무슨 의미인가요?
✢ 예수님께서 하느님 아버지와 유일하고 영원한 관계를 맺고 계심을 의미합니다.

100. 왜 예수님을 참하느님이시라고 말하나요?
✢ 성경이 그렇게 가르치고 있으며 그분의 기적과 가르침이 그것을 확증하기 때문입니다.

101. 예수님이 우리 주님이시라는 것은 무슨 뜻인가요?
✢ 예수님이 하느님이시므로 세상과 역사에 관한 주권을 행사하신다는 뜻입니다.

102. 신경의 셋째 항목에서는 무엇을 말하고 있나요?
✢ 예수님께서 성령의 활동과 은총으로 동정 마리아

께 잉태되어 나셨음을 말하고 있습니다.

103. 하느님의 아들이 사람이 되셨다는 것은 무슨 뜻인가요?
✣ 하느님의 아드님께서 신성을 잃지 않은 채 참사람이 되셨다는 것을 말합니다.

104. 하느님의 아들은 왜 사람이 되셨나요?
✣ 인간이 잃어버린 은총을 회복하도록, 다시 말해서 인간을 하느님과 화해시켜 구원하시려고 사람이 되셨습니다.

105. 예수 그리스도의 인성과 신성은 서로 혼동되나요?
✣ 아니요, 서로 혼동되지 않으면서 하느님 아들이라는 하나의 위격 안에 결합되어 있습니다.

106. 왜 예수 그리스도가 하느님과 인간 사이의 유일한 중

개자인가요?

✤ 예수 그리스도께서는 그 신적 위격의 단일성 안에서 참하느님이시며 참사람이시기 때문입니다.

107. 왜 예수 그리스도를 참사람이라고 말하나요?

✤ 예수 그리스도께서는 한 인간의 육체와 영혼을 지니셨고 사람의 손으로 일하셨으며, 인간 지성으로 생각하셨고 인간의 의지로 일하셨으며 인간의 마음으로 사랑하셨기 때문입니다.

108. 강생은 무엇인가요?

✤ 하느님 아들의 유일한 위격 안에 신성과 인성이 일치를 이루는 신비입니다.

109. 하느님과 함께 이 신비에 협력하도록 선택된 사람은 누구인가요?

✤ 동정 마리아입니다.

110. 동정 마리아는 구원 활동에 어떻게 협력하셨나요?
✣ 당신의 신앙과 자유로운 순종으로 협력하셨습니다.

111. 하느님은 이 소명을 위해 마리아를 어떻게 준비시키셨나요?
✣ 마리아를 원죄로부터 보호하시고 온갖 은총과 축복으로 충만케 하셨습니다.

112. 마리아는 어떻게 원죄 없이 잉태되었나요?
✣ 마리아는 잉태되는 순간부터 원죄로부터 완전히 보호되었습니다.

113. 마리아가 정말 하느님의 어머니인가요?
✣ 예, 마리아는 성부의 영원한 아들, 바로 하느님이신 성자의 어머니이시기 때문입니다.

114. 마리아는 왜 '평생 동정'인가요?

✤ 마리아는 예수님을 잉태하기 전과 잉태한 동안 그리고 예수님을 낳은 후에도 동정이셨기 때문입니다.

115. 성경에서 말하는 "예수님의 형제들"은 누구를 의미하나요?
✤ 그 시대의 표현 방식대로 예수님의 가까운 친척들을 의미합니다.

116. 동정 마리아의 승천은 무엇을 의미하나요?
✤ 마리아의 육신과 영혼이 하늘로 들어 올림 받으셨는데 그것은 마리아께서 당신 아드님과 함께 영원히 다스리는 특권을 지니고 계심을 의미합니다.

117. 그리스도의 지상 생활은 우리에게 무엇을 가르치나요?
✤ 인간이 하느님과 친교를 회복하도록, 예수님께서 행하시고 말씀하시고 고통받으신 모든 것을 가르

칩니다.

118. 예수님의 생애와 가르침 앞에 우리의 자세는 어떠해야 하나요?
✣ 우리는 예수님의 모범을 본받고 그분의 가르침을 따라야 합니다. 예수님께서는 "완전한 인간"이시기 때문입니다.

119. 예수님의 어린 시절 주요 신비는 무엇인가요?
✣ 베들레헴에서 태어나심, 할례와 공현, 성전에 바치심과 이집트 피난입니다.

120. 예수님의 숨은 생활의 주요 신비는 무엇인가요?
✣ 나자렛에서의 일상적인 노동 생활, 기도와 순명 그리고 예수님을 성전에서 잃었다가 다시 찾으신 일입니다.

121. 예수님의 숨은 생활의 신비는 우리에게 무엇을 가르치나요?
✣ 평범한 가정생활과 노동 속에서 거룩하게 사는 법을 가르칩니다.

122. 예수님의 공생활의 주요 신비는 무엇인가요?
✣ 세례를 받으심, 광야에서 겪으신 유혹, 하느님 나라의 선포, 기적들, 거룩한 변모와 예루살렘 입성입니다.

123. 예수님의 세례로 우리는 무엇을 배우나요?
✣ 인간 구원을 위한 아버지의 뜻을 온전히 받아들임을 배웁니다.

124. 예수님의 유혹은 우리에게 무엇을 가르치나요?
✣ 하느님 뜻에 순종하심으로써 사탄을 이기는 것을 가르칩니다.

125. 예수님의 설교와 표징들은 우리에게 무엇을 가르치나요?

✥ 하느님 나라는 이미 사람들 사이에 현존하고 활동하시는 신비로서 우리 모두 그 나라에 참여하라는 부르심을 받았음을 가르칩니다.

126. 거룩한 변모는 우리에게 무엇을 가르치나요?

✥ 그리스도의 영광스러운 오심을 미리 보여 주며 삶의 고통과 십자가를 신앙과 신뢰 안에서 살아갈 것을 가르칩니다.

127. 예수님의 예루살렘 입성은 우리에게 무엇을 가르치나요?

✥ 하느님 나라가 어린이처럼 마음이 겸손하고 순박한 이들에게 속한다는 것을 가르칩니다.

128. 예루살렘 입성으로 예수님은 무엇을 보여 주시나요?

✤ 당신의 죽음과 부활을 통해 완성하시려는 하느님 나라의 도래를 보여 줍니다.

129. 왜 예수님은 유다 지도자들로부터 사형 선고를 받으셨나요?
✤ 예수님이 메시아이시며 살아 계신 하느님의 아들이심을 그들이 믿지 않았기 때문입니다.

130. 누가 예수님께 사형 선고를 내렸나요?
✤ 수석 사제 카야파와 최고 의회 구성원들입니다.

131. 예수님 죽음에 대한 책임은 누구에게 있습니까?
✤ 모든 시대의 모든 죄인들입니다.

132. 그리스도께서는 왜 십자가에서 돌아가셨나요?
✤ 그리스도는 성경에 기록된 대로 우리를 죄에서 해방시키기 위해 십자가에서 돌아가셨습니다.

제1편 신앙 고백   47

133. 왜 예수님은 십자가 위의 죽음을 받아들이셨나요?

✣ 인간이 죄로 인해 잃었던 하느님과의 친교를 회복시킴으로써 인간을 구원하고자 하셨던 아버지의 사랑을 모든 인간에게 보여 주기 위해서였습니다.

134. 그리스도의 죽음은 어떤 결과를 낳았나요?

✣ 모든 인류가 구원되고 죄를 용서받게 되었습니다.

135. 예수님께서는 어떤 방법으로 당신의 구원을 미리 실현하셨나요?

✣ 최후의 만찬 때 빵을 들어 "이것은 너희를 위하여 내어 줄 내 몸이다."라고 말씀하시고 이어서 잔을 들어 "이것은 죄를 사하여 주려고 너희와 많은 이를 위하여 흘릴 내 피의 잔이다."라고 말씀하심으로써 앞당겨 실현하셨습니다.

136. 죽으신 후에 그리스도의 몸은 어떻게 되었나요?

✣ 무덤에 묻히셨습니다. 그러나 육신의 부패를 겪지 않으셨습니다.

137. 예수님께서 저승에 가셨음은 무엇을 의미하나요?
✣ 예수님께서 참으로 죽으심으로써 죽음을 이기시고 죽음의 권세자인 악마를 굴복시키셨으며, 죽은 이들의 거처로 내려가시어 당신보다 앞서 간 의로운 이들에게 하늘의 문을 열어 주셨음을 의미합니다.

138. 부활은 역사적 사건인가요?
✣ 예, 역사적 사건입니다. 그러나 동시에 역사를 초월한 사건입니다.

139. 예수님의 부활을 증거하는 표징들은 무엇인가요?
✣ 빈 무덤 그리고 사십 일 동안 당신 제자들과 다른 많은 사람들에게 나타나신 예수님의 발현입니다.

140. 그리스도의 부활은 어떤 결과를 낳았나요?

✣ 첫째, 그리스도께서 친히 행하시고 가르치신 모든 것들을 확인해 줍니다. 둘째, 예수님의 신성이 확인되었습니다. 셋째, 하느님과의 친교 안에서 새로운 삶으로 향하는 문을 우리에게 열어 주었습니다.

141. 예수님의 부활은 무엇을 보증하나요?

✣ 예수님의 부활은 우리 자신의 부활을 보증합니다.

142. 예수님께서 하늘에 오르심은 무엇을 의미하나요?

✣ 하느님의 아들 예수 그리스도께서 영광스럽게 된 당신의 인성과 함께 하늘에 오르심을 의미합니다.

143. 하느님 오른편에 앉으심은 무엇을 의미하나요?

✣ 그리스도께서 모든 시대 이전부터 지니고 있었던 영광과 영예를 받으시며, 우리가 그분과 함께 영원히 살리라는 희망으로 뒤따랐던 하느님 나라를

이 세상에 세우셨음을 의미합니다.

144. 그리스도는 우리를 위해 하늘 나라에서 무엇을 하시나요?
✥ 아버지 앞에서 우리를 위하여 전구하십니다.

145. 그리스도의 승천과 재림 사이에 무슨 일이 일어나나요?
✥ 교회는 성령의 인도를 받아 복음을 선포하고 거룩한 은총을 나누고 악과 싸우면서 지상에 그리스도 왕국을 확장시킵니다.

146. 그리스도의 재림은 언제 이루어지나요?
✥ 오직 하느님만 아시는 역사의 결정적인 순간에 이루어질 것입니다.

147. 그리스도의 심판은 어떻게 이루어지나요?

✣ 각자의 마음에 감추어진 의향을 드러나게 하시고 각자에게 그의 행업에 따라 갚아 주실 것입니다.

제3장 성령을 믿나이다

148. 성령은 누구신가요?
✣ 성령은 성부와 성자와 더불어 같은 흠숭과 영광을 받으시는 성삼위의 셋째 위격이십니다.

149. 성령의 사명은 무엇인가요?
✣ 보이지 않는 하느님의 볼 수 있는 모습인 그리스도를 알게 하는 것입니다.

150. 하느님은 성령을 드러내기 위하여 성경에 어떤 상징을 사용하시나요?
✣ 물, 기름부음, 불, 구름, 비둘기 등의 상징을 사용

합니다.

151. 성령의 활동은 언제 드러나기 시작했나요?
✥ 창조의 시초부터 시작되었습니다.

152. 성령의 활동은 언제 충만함에 이르게 되었나요?
✥ 성령께서 마리아 안에 하느님의 아들을 잉태하게 하였을 때입니다.

153. 성령은 언제 교회 안에 현존하기 시작하였나요?
✥ 오순절(성령 강림)에 그리스도께서 제자들에게 성령을 부어 주셨을 때입니다.

154. 교회에게 성령은 누구인가요?
✥ 교회를 세우고 생기를 주며 거룩하게 하는 교회의 영혼입니다.

155. '교회'라는 말은 무슨 뜻인가요?
✣ '교회'라는 말은 '불러 모음'이란 의미로, 하느님께서 당신의 말씀과 몸으로 양육하기 위하여 온 세상에서 불러 모은 하느님의 백성을 뜻합니다.

156. 성경은 어떠한 표상들로 교회에 대해 말하나요?
✣ 양 우리, 하느님의 밭, 하느님의 건물, 그리스도의 신부, 어머니 등의 표상들로 말합니다.

157. 교회의 기원은 무엇인가요?
✣ 믿는 이들을 그리스도 안에 하나의 가족으로 모으시려는 하느님의 계획입니다.

158. 교회는 누가 세웠나요?
✣ 예수 그리스도께서 하느님 나라의 선포와 구속을 위한 십자가 위에서의 죽음 그리고 부활을 통하여 세우셨습니다.

159. 교회를 왜 신비라고 말하나요?
- 교회는 가시적인 동시에 영적이고, 인간적·신적 두 가지 요소로 이루어졌으며, 교계적 사회이며 그리스도의 신비체이기 때문입니다.

160. 교회를 왜 구원의 성사라고 말하나요?
- 교회는 하느님과 인간 그리고 모든 사람 사이에 이루는 친교의 표지이자 도구이기 때문입니다.

161. 교회를 부르는 통상적 이름은 어떤 것인가요?
- 하느님의 백성, 그리스도의 몸, 성령의 성전입니다.

162. 교회를 왜 하느님의 백성이라고 부르나요?
- 믿음과 세례로 일치된 신자들이 그리스도 안에서 새로운 백성을 이루고 있기 때문입니다.

163. 이 하느님의 새로운 백성은 어떤 백성인가요?

❖ 사제, 예언자, 왕의 직분에 참여하는 백성입니다.

164. 교회의 구성원이 될 수 있는 사람은 누구인가요?
❖ 그리스도 안에서 믿음을 받아들이고 세례를 받은 사람입니다.

165. 교회가 그리스도의 신비체라는 것은 무슨 의미인가요?
❖ 신자 공동체가 신비롭고 실제적이며, 영적 친교를 통하여 그리스도와 일치하고 있음을 의미입니다.

166. 특별히 더 강조되어야 할 교회의 측면은 무엇인가요?
❖ 세 가지 측면, 곧 모든 지체 간의 일치, 그 몸의 머리이신 그리스도, 그리스도의 신부인 교회입니다.

167. 지체 간의 일치는 어떤 모습인가요?
❖ 이 일치는 사랑에 기초를 두고, 지체들의 다양성

과 직무를 존중합니다.

168. 그리스도께서 몸의 머리시라는 것은 무엇을 의미하나요?

✥ 교회는 그리스도 안에서 그리스도를 통하여 살아가고, 그리스도께서는 교회 안에서 교회와 함께 사신다는 것을 의미합니다.

169. 교회가 그리스도의 신부라는 것은 무엇을 의미하나요?

✥ 그리스도께서 교회를 사랑하셔서 교회를 위해 당신을 내어 주셨음을 의미합니다.

170. 교회는 성령의 성전인가요?

✥ 예, 성령께서는 교회에 생명과 친교를 주시고 당신의 은사로 교회를 풍요롭게 하는 분이시기 때문입니다.

171. 교회의 본질적 특성은 무엇인가요?
✢ 교회는 하나이고 거룩하고 보편되며 사도로부터 이어 옵니다.

172. 왜 교회는 하나라고 말하나요?
✢ 교회는 오직 한 분이신 주님을 모시고, 하나의 신앙을 고백하며, 하나의 세례로 태어나고, 성령께 생명을 얻어 오직 하나의 몸을 이루기 때문입니다. 그리스도께서는 오직 하나의 교회를 세우셨습니다.

173. 교회 구성원의 다양성은 어디에서 연유하나요?
✢ 이 다양성은 하느님께서 주시는 은총의 다양성과 그것을 받는 사람들의 다수성에서 기인합니다.

174. 교회를 왜 거룩하다고 말하나요?
✢ 교회를 세우신 그리스도께서 거룩하시기 때문입

니다. 그리스도께서는 교회를 거룩하게 하시려고 당신 자신을 바치셨으며, 성령께서 교회에 생명을 주십니다.

175. 모든 그리스도인은 거룩함에로 부르심을 받았나요?
✣ 예, 모든 그리스도인은 저마다 자기 소명 안에서 거룩함에 이르도록 부르심을 받았습니다.

176. 왜 가톨릭교회라고 부르나요?
✣ 가톨릭교회가 보편적이라는 것은 '전체성'을 의미합니다. 이는 교회가 신앙 전체를 선포하고, 구원을 위한 온전한 방법인 성사를 집행하고 있으며, 모든 시대 모든 지역의 믿는 이들을 포용하기 때문입니다.

177. 왜 교회 밖에는 구원이 없다고 말하나요?
✣ 그리스도의 모든 구원이 당신의 몸인 교회를 통

해 주어지기 때문입니다. 그러므로 가톨릭교회를 알면서도 교회에 들어오기를 싫어하거나 그 안에 머물기를 거부하는 이들은 구원받을 수 없을 것입니다. 하느님께서는 당신께서만 아시는 길로, 자기의 탓 없이 복음을 모르는 사람들을 신앙으로 이끄실 수 있습니다.

178. 그러면 그리스도와 그분 교회를 모르는 이들은 어떻게 되나요?
✢ 자기 잘못 없이 그리스도와 그분의 교회를 모르지만, 진실한 마음으로 하느님을 찾고 양심의 명령에 따라 하느님의 뜻을 실천하려고 노력하는 사람은 구원을 얻을 수 있습니다.

179. 왜 가톨릭교회는 본성상 선교하는 교회인가요?
✢ 모든 사람이 구원되고 진리를 알게 되도록 그리스도의 선교가 역사 안에서 계속되고 확장하기

때문입니다.

180. 왜 교회를 '사도적'이라고 하나요?
✣ 교회는 '사도들의 기초'(에페 2,20) 위에 세워졌고, 사도들의 가르침을 충실히 따르고 있으며, 사도들의 후계자인 교황과 주교들의 지도를 받고 있습니다.

181. 교회가 사도들로부터 이어받은 사명은 무엇인가요?
✣ 그리스도의 사명을 계속하는 것, 곧 복음을 선포하고 성사를 통하여 은총을 전달하는 것입니다.

182. 모든 신자는 사도인가요?
✣ 모든 신자는 서로 다른 방식으로 사도가 되도록 부르심을 받았습니다.

183. 교회 구성원은 누구인가요?
✣ 하느님의 부르심에 따라 세례를 받은 모든 사람들

로서 그들은 다양한 직무를 지니고 있으며 그 품위와 사도적 소명에 있어서는 평등합니다.

184. 교회 구성원의 다양성은 어떻게 드러나나요?
✣ 성직자, 평신도, 축성 생활자로 드러납니다.

185. 교계의 구성은 어떻게 이루어지나요?
✣ 교황, 교황과 친교를 이루는 주교단, 사제들과 그의 협력자들로 구성됩니다.

186. 교황은 누구인가요?
✣ 교황은 베드로 사도의 후계자이며 로마의 주교, 그리스도의 대리자입니다. 교황은 교회 안에서 신자들이 이루는 일치의 영속적이고 가시적인 토대입니다.

187. 주교들은 누구인가요?

✥ 사도들의 후계자이며, 자기 개별 교회 안의 일치의 가시적인 토대입니다.

188. 주교들의 직접적 협력자들은 누구인가요?
✥ 사제들과 부제들입니다.

189. 그리스도께서 사도들과 그들의 후계자들에게 부여한 임무는 무엇인가요?
✥ 당신 자신의 이름과 권위로 가르치고, 거룩하게 하며, 다스리는 것입니다.

190. 평신도들은 누구인가요?
✥ 그리스도의 사제직·예언직·왕직에 자기 나름대로 참여함으로써 세상에 그리스도를 증언하도록 부르심을 받은 신자들입니다.

191. 평신도들의 소명은 무엇인가요?

✤ 세례를 통하여 거룩함과 사도직에로 부르심을 받은 평신도들은 현세의 일에 종사하고 그 일들을 하느님의 뜻대로 관리하면서 하느님의 나라를 추구하는 것입니다.

192. 축성 생활자들은 누구인가요?
✤ 복음적 권고를 서약함으로써 하느님께 자신을 봉헌하고 그들의 특별한 생활 방식을 통하여 교회의 구원 사업에 기여하는 그리스도인들입니다.

193. 왜 여러 형태의 축성 생활과 수도 가족이 생겨나나요?
✤ 그 시대의 필요와 요청에 따른 성령의 감도 때문입니다.

194. "모든 성인의 통공"은 무엇을 의미하나요?
✤ 교회 전체 구성원들이 영적 자산을 공유한다는

것을 의미합니다.

195. "모든 성인의 통공"의 우선적 의미는 무엇인가요?
✜ 영적 자산(믿음, 희망, 사랑)의 공유와 성사의 공유 가운데 무엇보다도 성체성사의 공유를 의미합니다.

196. "모든 성인의 통공"의 또 다른 의미는 무엇인가요?
✜ 지상에서 순례 중인 교회가 천국의 성인들과 연옥의 죽은 모든 영혼들과 친교를 이루고 있음을 의미합니다.

197. 왜 우리는 마리아를 교회의 어머니라고 말하나요?
✜ 마리아는 그리스도의 어머니시며 그리스도의 신비체인 교회의 어머니시기 때문입니다. 마리아는 우리에게 예수님을 주시면서 은총의 초자연적 삶을 낳아주셨기 때문입니다

198. 우리는 마리아를 어머니라고 부를 수 있나요?
 ✤ 예, 그렇습니다. 예수님께서 십자가 위에서 "이분이 네 어머니시다."(요한 19,27)라고 우리에게 말씀하셨고 어머니께 우리를 그분의 자녀로 맡기셨기 때문입니다.

199. 마리아는 하늘에서 어떤 방법으로 어머니로서의 임무를 수행하시나요?
 ✤ 마리아는 우리 모두의 영원한 구원을 위하여 하느님께 전구하시면서 어머니로서의 임무를 수행하십니다.

200. 교회는 마리아를 어떻게 공경하나요?
 ✤ 마리아 공경은 천주의 성모님께 바쳐진 전례 축일들과 "복음 전체의 요약"인 묵주의 기도와 같은 마리아께 드리는 기도를 통해 드러납니다.

201. 누가 사도들에게 죄의 용서 권한을 맡겼나요?

✜ 예수 그리스도께서 사도들에게 "성령을 받아라. 누구의 죄든지 너희가 용서해 주면 그들의 죄는 용서받을 것이다."(요한 20,22-23)라고 말씀하시면서 이 권한을 맡기셨습니다.

202. 죄의 용서는 어떻게 이루어지나요?

✜ 무엇보다 먼저 세례성사를 통해서 그리고 고해성사를 통해서 이루어집니다.

203. 누가 죄를 용서하나요?

✜ 사제들의 직무를 통해 우리 주 예수 그리스도께서 용서하십니다.

204. 육신의 부활은 어떻게 일어나나요?

✜ 하느님께서는 당신의 전능과 그리스도의 부활의 능력으로, 우리 육신을 영혼에 결합시키심으로써 영원

히 썩지 않는 생명을 육신에 돌려주실 것입니다.

205. 육신의 부활은 언제 이루어지나요?
✥ 세상 끝 날(마지막 날)에 이루어질 것입니다.

206. 죽음은 무엇인가요?
✥ 원죄의 결과로 영혼이 육신과 분리되는 것입니다.

207. 그리스도인에게 죽음은 어떤 의미인가요?
✥ 죽음은 인간의 지상 순례의 끝이며, 하느님 계획에 따라 자신의 삶을 실현하고 자신의 마지막 운명을 결정하라고 하느님께서 주시는 은총의 시간의 끝을 의미합니다.

208. 그리스도와 함께 부활하기 위하여 어떻게 해야 하나요?
✥ 주님과 영원히 살기 위해서는 지은 죄를 뉘우치

고, 주님의 뜻에 따라 살다가 하느님의 은총 안에서 죽어야 합니다.

209. 어떻게 육신의 부활을 믿을 수 있나요?
✢ 죽으시고 죽은 이들 가운데서 부활하신 그리스도 자신의 증거로 믿습니다.

210. 죽음을 어떻게 준비를 해야 하나요?
✢ 선행을 하고 하느님의 계획을 실현하기 위해 노력해야 합니다. 교회는 우리 죽음의 시간에 천주의 성모께 우리를 위하여 전구해 달라고 청할 것을 권고합니다.

211. 죽은 후에는 어떻게 되나요?
✢ 죽은 후 사람은 각자 개별 심판을 받습니다.

212. 천국은 어떤 곳인가요?

✢ 성삼위와 동정 마리아와 천사들과 모든 복되신 분들과 함께 충만한 친교를 누리는 곳입니다.

213. 천국으로 가는 사람은 누구인가요?
✢ 하느님의 은총과 사랑을 간직하고 죽은 사람들과 모든 죄로부터 완전히 정화된 사람들입니다.

214. 연옥으로 가는 사람은 누구인가요?
✢ 하느님의 은총과 사랑 속에서 죽었으나 완전히 정화되지 않은 사람들입니다.

215. 연옥은 무엇인가요?
✢ 천상 기쁨으로 들어가기에 필요한 거룩함을 얻기 위해 죽음 후에 거치는 정화입니다.

216. 지옥은 무엇인가요?
✢ 대죄를 범한 채 죽음으로써 하느님과 이웃 그리고

자기 자신과도 갈라져 있는 것입니다.

217. 지옥으로 가는 사람은 누구인가요?
✜ 기꺼이 그리고 자유로이 하느님을 거부하며 마지막까지 거부하기를 고집하는 사람들입니다.

218. 최후의 심판은 무엇인가요?
✜ 모든 사람이 육신을 지니고 자신의 행실에 대한 셈을 바치기 위하여 그리스도의 심판대 앞에 서는 것입니다. 최후의 심판은 그리스도의 재림 때에 이루어질 것입니다.

219. 종말에는 무슨 일이 일어나요?
✜ 하느님 나라가 완전히 도래하고, 세상과 모든 사람들은 변화할 것이며 하느님께서는 모든 것 안에서 모든 것이 되실 것입니다.

제2편

그리스도
신비의 기념

220. 교리서 제2편에서는 무엇에 관하여 말하나요?

✢ 전례에 관하여 말하고 있습니다.

221. 전례란 무엇인가요?

✢ 전례란 대사제이신 그리스도께서 당신 교회 안에서, 교회와 더불어, 교회를 통하여 우리의 속량과 성화를 위한 일을 계속하시는 활동 전체를 말합니다.

제1부 성사의 경륜

222. 전례는 교회 활동 안에서 어떤 자리를 차지하나요?
✣ 전례는 교회 활동의 정점이며 원천입니다.

제1장 교회 시대의 파스카 신비

223. 전례는 누구의 활동인가요?
✣ 전례는 지극히 거룩하신 성삼위 성부, 성자, 성령의 활동입니다.

224. 전례의 중심은 무엇인가요?
✣ 전례의 중심은 희생 제사와 성사들입니다.

225. 전례 생활은 어떻게 구성되나요?

✥ 전례주년을 통해 구성됩니다.

226. 전례주년의 가장 주요한 시기들은 무엇인가요?
✥ 대림 시기와 성탄 시기 그리고 사순 시기와 부활 시기입니다.

227. 성사는 무엇인가요?
✥ 성사는 우리에게 하느님의 생명과 구원을 주기 위하여 그리스도를 통하여 제정되고 교회에 맡겨진 은총의 유효한 표징들입니다.

228. 성사는 몇 가지인가요?
✥ 일곱 가지입니다.

229. 어떤 성사들이 있나요?
✥ 세례성사, 견진성사, 성체성사, 고해성사, 병자성사, 성품성사, 혼인성사가 있습니다.

230. 성사를 받으려면 무엇이 필요한가요?
✥ 합당한 준비와 함께 다양한 방법으로 선물을 베푸시는 하느님께 대한 믿음이 필요합니다.

231. 그리스도의 성사가 제정된 이유는 무엇인가요?
✥ 그리스도께서는 사람들을 성화하고, 교회를 건설하며 우리의 믿음을 자라게 하시려고 성사를 제정하셨습니다.

232. 성사의 은총은 어떻게 주어지나요?
✥ 성사 그 자체로, 그리스도로부터 오는 능력으로 은총이 주어집니다.

233. 성사의 열매들은 어떤 것인가요?
✥ 두 가지인데, 하나는 개인적인 것이며 다른 하나는 교회적인 것입니다.

234. 개인적 열매는 무엇인가요?
✣ 하느님을 위한 삶을 위해 각자가 받은 은총입니다.

235. 교회적 열매는 무엇인가요?
✣ 사랑과 증거의 사명에서 성장하는 것입니다.

제2장 파스카 신비의 성사적 거행

236. 성사 거행은 무엇인가요?
✣ 하느님의 자녀들이 하느님 아버지와 만나는 것입니다.

237. 이 만남은 어떻게 표현되나요?
✣ 행위와 말씀을 통하여 표현됩니다.

238. 누가 전례를 거행하나요?

✥ 그리스도의 신비체인 교회 공동체 전체가 거행합니다.

239. 그리스도의 몸, 곧 교회를 구성하는 이들은 누구인가요?
✥ 모든 시대의 세례를 받은 모든 신자들입니다.

240. 그리스도의 사제직에 참여하는 이들은 누구인가요?
✥ 세례를 받은 모든 이들이 그리스도의 사제직에 참여합니다.

241. 어떤 방법으로 그리스도의 사제직에 참여할 수 있나요?
✥ 두 가지가 있습니다. 세례성사 때 받은 보편 사제직을 통하여 모든 그리스도인이 참여합니다. 또 성품성사를 통해 받은 직무 사제직을 통하여 사제들이 참여합니다.

242. 성사 거행의 중요한 요소들은 무엇인가요?

✥ 말씀 전례와 성사 거행입니다.

243. 성사 거행 중 노래와 음악이 중요한가요?

✥ 예, 노래와 음악으로 하느님께 기도하고 찬양을 드리기 때문입니다.

244. 성화상이 중요한가요?

✥ 예, 중요합니다. 성화상은 우리를 그리스도와 성모님과 성인들께 더 깊이 일치시켜 주고 우리의 기도를 도와주기 때문입니다.

245. 그리스도인들은 그리스도와 성모님 또는 성인들의 성화상에 공경을 드리나요?

✥ 성화상이 아니라 그리스도께 흠숭을 드리는 것이며, 성화상을 통하여 예수 그리스도께 충실했던 모범적인 인물들을 존경하고 공경하는 것입니다.

246. 우리는 성체를 흠숭하나요?
✤ 예, 그렇습니다. 사람이 되신 하느님 자신이신 그리스도께서 성체 안에 참으로 현존하시기 때문입니다.

247. 성찬례를 거행하기에 가장 적절한 날은 언제인가요?
✤ 주님의 날인 주일입니다.

248. 주일을 왜 주님의 날이라 부르나요?
✤ 그리스도께서 부활하신 날이기 때문입니다.

249. 부활절을 왜 중요하게 생각하나요?
✤ 부활절은 축일 중의 축일이며, 전례주년의 중심이기 때문입니다.

250. 교회는 왜 성인들의 축일을 기념하나요?
✤ 천상 교회와 일치하고 성인들 안에서 그리스도를

영광스럽게 하며 그리스도의 모범을 따르기 위해서입니다.

251. 거룩한 예배와 성사는 보통 어디에서 거행하나요?
✤ 교회나 성전, 경당에서 거행합니다.

252. 교회 안에 살아 있는 대중 신심의 다른 모습들은 무엇인가요?
✤ 유해 공경, 성지 순례, 십자가의 길, 묵주 기도, 행렬, 패 등이 있습니다.

제2부 교회의 일곱 성사

제1장 그리스도교 입문 성사들

253. 그리스도교 입문 성사들은 어떤 것인가요?
✥ 세례성사, 견진성사, 성체성사입니다.

254. 그리스도교 입문 성사라 부르는 이유는 무엇인가요?
✥ 그리스도교 삶 전체의 시작이며 토대이기 때문입니다.

255. 세례성사란 무엇인가요?
✥ 그리스도 안에서 새로운 삶으로 태어나는 성사입니다.

256. 언제 그리스도께서 세례성사를 제정하셨나요?

✣ 예수님께서 제자들에게 "너희는 가서 이 세상 모든 사람들을 내 제자로 삼아 아버지와 아들과 성령의 이름으로 세례를 베풀어라."(마태 28,19) 하고 말씀하셨을 때 제정되었습니다.

257. 세례의 효과들은 무엇인가요?

✣ 그리스도인을 하느님의 자녀로서 하느님의 본성에 참여하게 합니다. 교회와 한 몸이 되게 합니다. 원죄와 본죄 그리고 모든 죄벌까지도 용서받습니다. 그리스도인이 그리스도께 속해 있음을 나타내는 영적 표지(인호)를 영혼에 새겨 줍니다.

258. 세례 예식은 어떤 방식으로 이루어지나요?

✣ 성부, 성자, 성령의 이름을 부르면서 예비 신자를 세례수에 세 번 담그거나 머리에 세 번 물을 붓는 방식으로 이루어집니다.

259. 세례를 여러 번 받을 수 있나요?

✢ 아니요, 세례를 받은 신자는 이미 그리스도께 속해 있음을 나타내는 영적 표지인 인호가 새겨져 있기 때문에 단 한 번만 받을 수 있습니다.

260. 축성 성유 도유의 효과는 무엇인가요?

✢ 세례를 받은 사람이 '기름부음'을 받아 사제이며 예언자이고 왕이신 그리스도와 한 몸이 됩니다.

261. 누가 세례를 줄 수 있나요?

✢ 사제와 부제입니다. 부득이한 경우에는 세례 집전에 합당한 의향을 지닌 사람이면 누구든, 세례를 받지 않은 사람까지도 세례를 줄 수 있습니다.

262. 세례 받지 않은 사람이 구원될 수 있나요?

✢ 그리스도의 복음과 그분의 교회를 모른다고 해도, 진실한 마음으로 하느님을 찾고 하느님의 뜻

을 실천하는 사람은 누구나 구원될 수 있습니다.

263. 견진성사는 무엇인가요?
✤ 성령의 특별한 힘을 받아 세례성사의 은총을 완성하는 성사입니다.

264. 견진성사의 효과들은 무엇인가요?
✤ 견진성사는 우리를 하느님 자녀로 뿌리내리게 하고, 그리스도와 교회에 더 친밀하게 결합시켜 주며 신앙을 선포하고 증거하도록 도와줍니다.

265. 견진성사가 영혼에 인호를 새겨 주나요?
✤ 예, 우리가 그리스도의 참된 증인이라는 표지로 성령의 인장을 찍어 줍니다.

266. 견진성사의 핵심 예식은 무엇인가요?
✤ 주교의 안수와 세례성사를 받은 사람의 이마에

제2편 그리스도 신비의 기념

축성 성유를 바르면서 "성령 특은의 날인을 받으시오."라고 말하는 것입니다.

267. 견진성사를 받으려면 무엇이 필요한가요?
✣ 신앙을 고백하고, 은총의 상태에 있어야 하며, 성사 받기를 원하고, 그리스도의 증거자가 될 준비가 되어 있어야 합니다.

268. 견진성사는 누가 받을 수 있나요?
✣ 세례성사를 받은 모든 사람이 견진성사를 받을 수 있고, 받아야만 합니다.

269. 견진성사는 언제 받을 수 있나요?
✣ 분별력을 가질 나이에 도달했을 때 견진성사를 받을 수 있습니다.

270. 견진성사는 누가 줄 수 있나요?

✣ 견진성사의 원집전자인 주교, 또는 권한을 위임받은 사제가 줄 수 있습니다. 그러나 죽을 위험에 있는 신자들에게는 아무 사제라도 줄 수 있습니다.

271. 교회와 성찬례는 어떤 관계가 있나요?
✣ 성찬례는 그리스도교 생활 전체의 원천이며 정점입니다. 교회는 성찬례로 살아갑니다.

272. 그리스도께서는 언제 성체성사를 제정하셨나요?
✣ 최후의 만찬 중에 제정하셨습니다.

273. 성체성사는 무엇인가요?
✣ 빵과 포도주 형상 안에 그리스도의 몸과 피가 현존하는 성사입니다.

274. 성체 안에는 무엇이 담겨 있나요?
✣ 살아 계시고 영광스럽게 되신 예수님께서 현존하

십니다. 곧 예수 그리스도의 몸과 피가 그분의 영혼과 천주성과 더불어 현존하십니다.

275. 미사란 무엇인가요?
✣ 십자가의 구원 희생을 새롭게 하고 그리스도의 파스카 신비를 기억하며 성체성사를 거행하는 것입니다.

276. 미사의 두 부분은 무엇인가요?
✣ 말씀 전례와 성찬 전례입니다.

277. 말씀 전례는 무엇으로 이루어지나요?
✣ 독서, 강론, 신앙 고백 그리고 보편 지향 기도로 이루어집니다.

278. 성찬 전례는 무엇으로 이루어지나요?
✣ 빵과 포도주의 봉헌, 축성, 감사 기도, 영성체로

이루어집니다.

279. 축성으로 무엇이 이루어지나요?
✢ 빵의 실체가 그리스도의 몸의 실체로, 포도주의 실체가 그리스도의 피의 실체로 변화합니다.

280. 미사와 성찬 축성은 누가 거행할 수 있나요?
✢ 합법적으로 서품된 사제만 거행할 수 있습니다.

281. 희생 제사는 무엇인가요?
✢ 모든 미사에서 그리스도의 수난과 죽음을 기억하고, 온 세상의 구원을 위한 십자가 희생을 봉헌하는 것입니다.

282. 성찬례의 희생적 성격은 어떻게 드러나요?
✢ 사제를 통해 바쳐지는 축성 기도문의 말씀들 안에 드러납니다. "너희는 모두 이것을 받아 먹어라.

이는 너희를 위하여 내어 줄 내 몸이다." "너희는 모두 이것을 받아 마셔라. 이는 새롭고 영원한 계약을 맺는 내 피의 잔이니 죄를 사하여 주려고 너희와 많은 이를 위하여 흘릴 피다. 너희는 나를 기억하여 이를 행하여라."

283. 누가 희생 제사를 바치나요?
✢ 사제들의 직무를 통하여 그리스도 자신이 바치십니다.

284. 희생 제사의 봉헌물은 무엇인가요?
✢ 빵과 포도주 형상 안에 바치시는 그리스도 자신입니다.

285. 영성체는 무엇인가요?
✢ 빵과 포도주의 형상 안에 우리를 위하여 내어 주시는 영원한 생명의 빵이신 그리스도를 모시는 것

입니다.

286. 성체를 받아 모시려면 어떠한 준비를 해야 하나요?

✢ 성체 안에 참으로 현존하시는 그리스도께 대한 믿음을 지녀야 하고, 교회와의 온전한 친교 안에서 은총의 상태에 있어야 하며, 영성체 전 1시간 동안 공복재를 지켜야 합니다.

287. 영성체의 효과는 무엇인가요?

✢ 그리스도와 그리고 교회와의 일치를 증진시켜 주고, 소죄를 용서해 주며 죽을죄에서 우리를 보호합니다.

288. 성체는 언제 모셔야 하나요?

✢ 세례를 받은 신자들이 미사 때 영성체를 합니다만 그것이 불가능하다면 적어도 1년에 한 번, 가능하다면 부활 시기에 모셔야 합니다.

289. 영성체에 관하여 교회는 무엇을 권고하나요?

✢ 우리가 은총의 상태에서 미사에 참례할 때마다 성체 모시기를 권고합니다.

290. 성체 조배를 해야 하나요?

✢ 예, 우리의 감사와 사랑과 흠숭을 표하기 위해 성체 조배를 해야 합니다.

제2장 치유의 성사들

291. 치유의 성사는 무엇인가요?

✢ 고해성사와 병자성사입니다.

292. 치유의 성사는 무엇 때문에 필요한가요?

✢ 우리 영혼과 육체의 의사이신 그리스도의 치유와 구원 행위가 교회 안에서 계속되기 위하여 필요

합니다.

293. 그리스도께서는 언제 고해성사를 제정하셨나요?

✥ "누구의 죄든지 너희가 용서해 주면 그들의 죄는 용서받을 것이고 용서해 주지 않으면 용서받지 못한 채 남아 있을 것이다."(요한 20,23)라고 당신 제자들에게 말씀하셨던 부활 첫날 저녁에 제정하셨습니다.

294. 고해성사란 무엇인가요?

✥ 죄인을 하느님과 교회와 화해시키면서 세례 후에 범한 죄를 용서해 주는 성사입니다.

295. 고해성사를 이루는 행위들은 무엇인가요?

✥ 고해성사는 고백자의 세 가지 행위인 통회, 고백, 보속과 사제의 사죄로 이루어집니다.

296. 통회란 무엇인가요?
- 지은 죄에 대한 마음의 고통이며, 다시는 죄를 짓지 않겠다는 결심으로 그 죄를 미워하는 것입니다.

297. 통회의 형태는 몇 가지인가요?
- 두 가지 형태 곧 완전한 통회와 불완전한 통회가 있습니다.

298. 완전한 통회란 무엇인가요?
- 하느님을 모든 것 위에 사랑하는 마음에서 나오는 통회로 사랑의 통회라고 부릅니다.

299. 불완전한 통회란 무엇인가요?
- 죄인을 위협하는 영벌(영원한 벌)에 대한 두려움에서 나오는 통회로 두려움의 통회라고 부릅니다.

300. 고해성사는 언제 필요한가요?

✣ 대죄를 범했을 때 하느님과의 친교로 돌아가기 위해 필요합니다.

301. 어떤 죄를 고백해야 하나요?
✣ 진지하게 성찰한 뒤에 알아낸 아직 고백하지 않은 모든 죽을죄를 고백해야 합니다.

302. 일상적인 잘못(소죄)을 고백해야 할 필요가 있나요?
✣ 반드시 해야 하는 것은 아니지만 양심을 기르고 영적 삶이 성장하도록 도와주기 때문에 교회는 크게 장려합니다.

303. 보속 또는 속죄란 무엇인가요?
✣ 죄로 생긴 손해를 갚고 그리스도인으로서의 생활 태도를 다시 갖추기 위해 고해 사제가 고백자에게 권하는 기도와 활동을 말합니다.

304. 죄의 용서는 누가 할 수 있나요?

✣ 죄의 용서는 그리스도의 이름으로 교회의 권위로부터 사죄권을 받은 사제만이 할 수 있습니다.

305. 고해성사의 영적 효과는 무엇인가요?

✣ 하느님과 교회와의 화해, 양심의 평화와 안온, 영적 힘의 증대, 영벌과 잠벌의 사면입니다.

306. 하느님과 교회와 화해하기 위한 일반적인 방법은 무엇인가요?

✣ 개인적으로 대죄를 온전히 고백하고 그에 따른 죄의 용서를 받는 개별 고백입니다.

307. 대사란 무엇인가요?

✣ 대사란 죄과에 대해서는 이미 용서받았지만 그 죄 때문에 받아야 할 잠시적인 벌(잠벌)을 면제해 주는 은총으로, 교회의 중재를 통하여 그리스도

인이 자기 자신이나 죽은 이를 위하여 얻을 수 있습니다.

308. 병자성사의 근거가 되는 성경 본문은 무엇인가요?

✣ 야고보서에 근거합니다. "여러분 가운데에 앓는 사람이 있으면 그 사람은 교회의 원로들을 청하십시오. 원로들은 주님의 이름으로 그에게 기름을 바르고 그를 위하여 기도해 주어야 합니다."(야고 5,14)

309. 병자성사란 무엇인가요?

✣ 중병이나 노쇠로 어려움을 겪는 그리스도인에게 특별한 은혜를 베풀어 주는 성사입니다.

310. 병자성사를 여러 번 받을 수 있나요?

✣ 예, 중병이 들었을 때마다 받을 수 있으며, 이 성사를 받은 이후 병이 악화되었을 경우에도 받을

수 있습니다.

311. 병자성사 예식은 어떻게 이루어지나요?
✥ 병자의 이마와 양손에 축성한 기름을 바르면서 이 성사의 특별한 은총을 청하는 전례 기도를 드리면서 이루어집니다.

312. 병자성사는 누가 베풀 수 있나요?
✥ 사제만 병자성사를 베풀 수 있습니다.

313. 병자성사의 효과는 무엇인가요?
✥ 병자를 그리스도의 수난에 결합시키고, 고통을 그리스도인답게 견뎌 내는 데 필요한 위안과 용기를 주며, 고해성사로 죄의 용서를 받지 못한 경우 죄를 용서해 주고, 영적 구원에 적합한 경우 건강을 회복시켜 주며, 영원한 생명으로 건너가기 위한 준비를 시켜 줍니다.

제3장 친교에 봉사하는 성사

314. 친교에 봉사하는 성사들은 어떤 것인가요?

✥ 성품성사와 혼인성사입니다.

315. 성품성사란 무엇인가요?

✥ 사도적 직무를 통해 세상 마지막 날까지 그리스도의 유일한 사제직을 완성하는 성사입니다.

316. 성품성사는 누가 제정했나요?

✥ 예수 그리스도께서 최후의 만찬 중에 "너희는 나를 기념하여 이 예식을 행하여라."(루가 22,19)라는 말씀으로 성품성사를 제정하셨습니다.

317. 직무 사제직 본연의 임무는 무엇인가요?

✥ 머리이신 그리스도의 대리자로서 거룩한 임무를 행하며 사람들에게 봉사하는 것입니다.

318. 성품 직무자들을 어떻게 부르나요?
✜ 주교, 사제, 부제라고 부릅니다.

319. 성품 직무자들은 자신의 직무를 어떻게 수행하나요?
✜ 가르치고, 하느님께 예배드리며, 사목적 다스림을 통해 하느님 백성에게 봉사합니다.

320. 주교는 누구인가요?
✜ 주교는 충만한 사제직을 지닌 사도들의 후계자들로서 개별 교회에 대한 그리스도의 사목적 책무를 수행합니다.

321. 사제는 누구인가요?
✜ 사제는 주교와 일치하여 사목직을 수행하는 성실한 협력자로서 주교에게서 일정한 교회 임무를 부여받습니다.

322. 부제는 누구인가요?
✥ 주교의 사목적 권위 아래 교회의 봉사 임무를 위하여 서품되는 직무자입니다.

323. 성품성사로 영혼에 인호가 새겨지나요?
✥ 예, 지워지지 않는 인호가 새겨집니다.

324. 성품성사는 어떻게 이루어지나요?
✥ 안수와 장엄한 축성 기도로 이루어집니다.

325. 성품성사는 누가 줄 수 있나요?
✥ 주교만 이 성사를 줄 수 있습니다.

326. 성품성사는 누가 받을 수 있나요?
✥ 봉사 직무 수행을 위하여 적합하다고 정식으로 인정되고, 자유로이 독신 생활을 하겠다는 자세가 갖추어진 세례 받은 남자들이 성품성사를 받을

수 있습니다.

327. 왜 사제들은 독신 생활을 하나요?
✤ 온전한 마음으로 하느님 나라를 사랑하고 사람들을 섬기기 위해서입니다.

328. 혼인성사란 무엇인가요?
✤ 하느님께서 교회 안의 한 남자와 한 여자가 이룬 사랑과 생명의 친밀한 공동체를 축복하시는 성사입니다.

329. 누가 혼인 제도를 제정했나요?
✤ 창조주 하느님께서 제정하시고 그에 대한 고유한 규범을 주셨습니다.

330. 누가 혼인을 성사의 품위로 들어 높였나요?
✤ 그리스도께서 세례 받은 사람들의 혼인을 성사의

품위로 들어 높이셨습니다. 그러므로 혼인은 은총의 표지이며 혼인을 통해 하느님의 은총이 전달됩니다.

331. 혼인은 무엇이 요구되나요?
✣ 부부의 행복과 자녀의 출산과 교육이 요구됩니다.

332. 혼인성사의 은총은 무엇인가요?
✣ 혼인성사는 부부의 사랑을 완전하게 하고, 해소될 수 없는 그들 사이의 일치를 강화하며, 영원한 생명의 길에서 그들을 성화합니다.

333. 혼인성사는 어떻게 거행되나요?
✣ 혼인성사는 교회 앞에서 표명한 신랑 신부의 상호 합의에 의해 거행됩니다.

334. 혼인 합의의 의무 조건은 무엇인가요?

✤ 혼인 합의는 세례를 받은 남여가 아무런 강요 없이 자유로운 의지로 행해야 합니다.

335. 혼인 계약을 맺을 자유가 있다는 것은 무슨 뜻인가요?
✤ 혼인 계약은 강요를 당하지 않고, 자연법이나 교회법에 저촉되지 않는다는 뜻입니다.

336. 혼인은 무엇에 근거하나요?
✤ 서로에게 자신을 내어 주려는 부부의 의지와 성실하고 풍요로운 사랑의 계약을 결정적으로 살려는 의지에 근거합니다.

337. 혼인 예식을 주례하는 사제 또는 부제의 역할은 무엇인가요?
✤ 교회의 이름으로 신랑 신부의 합의를 받아들이고 교회의 축복을 베푸는 것입니다.

338. 혼인의 본질적 특징은 무엇인가요?

✜ 세 가지로, 단일성, 불가해소성, 출산을 기꺼이 받아들이는 것입니다.

339. 부부의 단일성에 어긋나는 것은 무엇인가요?

✜ 단일성을 거스르는 일부다처제와 간음입니다.

340. 혼인의 불가해소성에 어긋나는 것은 무엇인가요?

✜ 불가해소성을 침해하는 것은 하느님께서 맺어 주신 것을 갈라놓는 이혼입니다.

341. 출산을 기꺼이 받아들임에 어긋나는 것은 무엇인가요?

✜ 자연법의 인위적인 수단들과 생명을 반대하는 사고방식입니다.

342. '혼인 무효'란 무엇인가요?

✥ 예식을 거행했더라도 교회가 관할 교회 법원을 통하여 혼인이 성립된 일이 없다고 선포하는 것입니다.

343. 이혼한 사람이 사회법에 따라 재혼하는 것이 합당한가요?
✥ 합당하지 않습니다. 그리스도께서 가르쳐 주신 하느님의 법에 의하면 성사로 맺어진 유대는 해소될 수 없기 때문입니다.

344. 왜 가정을 '가정 교회'라고 부르나요?
✥ 가정은 자녀들이 가장 먼저 신앙을 받아들이는 곳이고 인간적인 덕행과 그리스도의 사랑을 배우는 곳이기 때문입니다.

제3편

그리스도인의 삶

제1부 인간의 소명: 성령 안의 삶

제1장 인간의 존엄성

345. 인간의 존엄성은 무엇에 근거하나요?

✢ 인간의 존엄성은 인간이 하느님을 닮은 모습으로 창조되었으며 거룩함에로 불린 존재라는 사실에 근거합니다.

346. 인간이 하느님의 모상으로 창조되었다는 것은 무슨 뜻인가요?

✢ 인간은 이성과 의지를 부여받았으며 하느님과 관계를 맺을 수 있는 능력을 지니고 있음을 뜻합니다.

347. 인간은 왜 하느님의 모상으로 창조되었나요?

✢ 진리와 선과 사랑 안에서 자신의 완성을 추구하

고 영원한 행복에 이르기 위해서입니다.

348. 무엇이 인간으로 하여금 선을 행할 수 있게 하나요?

✥ 선하신 하느님에 의해 창조된 인간은 선을 행할 능력이 있습니다. 그러나 그 본성이 원죄로 인해 상처를 입었으므로 오직 초자연적 은총의 도움을 통해서만 온전히 선을 행할 능력을 지니게 됩니다.

349. 참행복은 몇 가지이며 어디에서 볼 수 있나요?

✥ 모두 여덟 가지이며, 마태오 복음서 5장 3절부터 12절에서 볼 수 있습니다.

350. 참행복이 그리스도인에게 왜 중요한가요?

✥ 참행복은 하느님께서 인간의 마음속에 뿌려 놓으신 행복으로의 부르심에 대한 응답이며, 예수 그리스도의 참모습을 묘사하고 그분의 사랑을 표현하고 있기 때문입니다.

351. 인간의 행복은 어디에 근원하나요?

✠ 진정한 행복은 부나 안락에 있지 않고, 인간적 영예나 권력에 있지 않으며 모든 선과 사랑의 근원이신 하느님께만 있습니다.

352. 그리스도인의 진정한 행복은 무엇인가요?

✠ 하느님을 알고 섬기고 사랑하며 그렇게 하여 천국에 이르는 것입니다.

353. 자유란 무엇인가요?

✠ 자신의 행위를 자발적으로 행하도록 하느님께서 인간에게 주신 능력입니다.

354. 자유는 언제 그 완전함에 이르나요?

✠ 자유가 하느님을 향할 때 그 완전함에 이릅니다.

355. 인간이 자유롭다는 말은 무슨 의미인가요?

✥ 인간은 자신의 모든 행동에 책임이 있다는 의미입니다.

356. 인간의 자기 행동에 대한 책임의 범위는 얼마인가요?
✥ 자신이 원해서 행한 모든 행위는 그 행위자에게 책임이 있습니다.

357. 인간 행위는 무엇인가요?
✥ 의식의 판단으로 자유로이 행한 행위들입니다.

358. 이런 행위들의 도덕성을 어떻게 부르나요?
✥ 선하다고 부르거나 악하다고 부릅니다.

359. 인간 행위의 도덕성은 어떤 것들에 달려 있나요?
✥ 무엇을 하려고 하는가(선택된 대상), 그것을 왜 하려고 하는가(목적이나 의향), 그리고 그 행위의 정황에

달려 있습니다.

360. 선택된 대상의 도덕성은 어떻게 결정되나요?
✢ 그것은 인간이 행하고자 하는 행위 자체를 가리키며, 이러한 행위는 도덕성의 객관적 기준에 의해 선할 수도 악할 수도 있습니다.

361. 의도하는 목적이나 의향은 무엇인가요?
✢ 행위를 통해 얻고자 하는 바입니다.

362. 목적이 수단을 정당화하나요?
✢ 어떤 식으로도 그렇지 않습니다. 행위가 악하지 않은 것은 목적이 선하기 때문입니다.

363. 인간 안에 행복으로 나아가게 하는 것이 있습니까?
✢ 예, 그것은 감정들입니다.

364. 인간의 주요한 감정들은 무엇인가요?
- 인간의 주요한 감정들은 사랑과 증오, 욕망과 두려움, 기쁨, 슬픔 그리고 분노입니다.

365. 감정 자체는 선하지도 악하지도 않은가요?
- 예, 그러나 자유를 어떻게 사용하느냐에 따라 선해지기도 악해지기도 합니다.

366. 감정이 도덕적으로 선할 때는 언제인가요?
- 감정이 선한 행위에 협조할 때 도덕적으로 선합니다.

367. 감정이 도덕적으로 악할 때는 언제인가요?
- 감정이 악한 행위에 협조할 때 도덕적으로 악합니다.

368. 양심은 무엇인가요?
- 양심은 모든 인간의 내면에 울리는 하느님의 목소리입니다. 이 양심은 인간이 선을 행할지 악을 행

할지를 식별하게 합니다.

369. 양심의 본질은 무엇인가요?
✢ 인간에게 선을 행하고 악을 피하라고 명령하는 판단입니다.

370. 양심의 기능은 무엇인가요?
✢ 구체적 선택들을 판단하여 옳은 선택은 허락하고 그릇된 선택은 비난하는 것입니다.

371. 왜 인간은 자기 양심을 따를 의무가 있나요?
✢ 인간은 양심을 통해 하느님 법의 명령들을 깨닫기 때문입니다.

372. 양심은 언제 올바르게 형성되나요?
✢ 창조주 하느님께서 원하시는 참된 선에 따라 판단을 내릴 때 올바르게 형성됩니다.

373. 양심 교육은 필요한가요?

✤ 예, 양심 교육은 자유를 보장해 주며 마음의 평화를 주기 때문입니다.

374. 양심은 어떻게 교육되나요?

✤ 양심은 기도 안에서 하느님의 말씀을 듣고, 복음의 빛으로 우리의 삶을 성찰하며, 훌륭한 조언자의 도움을 받으면서 됩니다.

375. 사람이 어떠한 결정을 내릴 때 무엇을 해야 하나요?

✤ 늘 옳고 선한 것을 찾아야 하며 하느님의 법이 담긴 그분의 뜻을 식별해야 합니다.

376. 양심이 무엇이 옳고 그른지를 판단하나요?

✤ 양심은 무엇이 옳고 그른지를 판단하지 않습니다. 때로는 양심이 그릇된 판단을 내릴 수 있습니다. 그러므로 모든 사람은 진리의 빛으로 자기 양심을

형성할 의무가 있습니다.

377. 양심은 그릇된 판단이나 무지의 죄를 범할 수 있나요?

✣ 예, 사람이 진리와 선을 추구하는 데에 마음을 쓰지 않으면 양심의 빛이 차츰 어두워집니다.

378. 덕이란 무엇인가요?

✣ 덕은 선을 행하려고 하는 몸에 배인 확고한 태도입니다.

379. 덕은 어떻게 나뉘나요?

✣ 인간적인 덕(사추덕)과 신적인 덕(향주덕)으로 나눕니다.

380. 인간적인 덕은 무엇인가요?

✣ 인간적인 덕은 지성과 의지의 안정된 태도로서 우리의 행동을 규제하고 감정을 조절하며 이성과 선

에 따라 우리의 행동을 이끌어 줍니다.

381. 인간적인 덕의 주요 덕은 무엇인가요?
✥ '사추덕'이라고 부르는 현명, 정의, 용기, 절제입니다.

382. 현명의 덕은 무엇인가요?
✥ 현명은 언제나 선을 식별하고 그것을 실현할 좋은 방법을 선택할 수 있도록 준비시키는 덕입니다.

383. 정의의 덕은 무엇인가요?
✥ 정의는 당연히 하느님께 드릴 것을 드리고, 이웃에게 나누어야 할 것을 나누는 지속적인 확고한 의지입니다.

384. 용기의 덕은 무엇인가요?
✥ 용기는 어려움 중에서도 단호히 꾸준하게 선을 추구하는 덕입니다.

385. 절제의 덕은 무엇인가요?

✢ 절제는 쾌락의 유혹과 재화의 사용을 조절하는 덕입니다.

386. 사추덕은 어떻게 성장하나요?

✢ 사추덕은 하느님 은총의 활동 아래 교육과 지속적인 노력을 통해 성장합니다.

387. 우리는 어떻게 꾸준히 덕을 추구할 수 있나요?

✢ 우리의 의지를 단련하고 성사의 도움을 받으며 성령과 협력함으로써 가능합니다.

388. 덕에 맞서는 것은 무엇인가요?

✢ 덕에 맞서는 것은 악습들입니다.

389. 주요한 악습들은 무엇인가요?

✢ 교만과 탐욕, 질투와 분노, 음란과 과식 그리고

게으름입니다.

390. 악습들과 반대되는 덕목들은 무엇인가요?
✧ 겸손과 인내, 너그러움과 자애로움, 순결과 온유 그리고 부지런함입니다.

391. 신적인 덕은 무엇인가요?
✧ 하느님을 근원이요 동기이며 대상으로 삼는 덕입니다.

392. 신적인 덕에는 어떤 덕이 있나요?
✧ '향주덕'이라고 부르는 믿음, 희망, 사랑입니다.

393. 믿음은 무엇인가요?
✧ 하느님을 믿고 하느님께서 우리에게 계시하신 모든 것을 믿는 덕입니다.

394. 희망은 무엇인가요?

✤ 영원한 생명과 그것을 누릴 자격을 얻기 위한 은총들을 하느님께 바라고 희망하는 덕입니다.

395. 사랑은 무엇인가요?

✤ 하느님을 모든 것 위에 사랑하고, 하느님을 사랑하기 때문에 이웃을 우리 자신과 같이 사랑하는 덕입니다.

396. 성령의 선물은 무엇인가요?

✤ 그리스도인으로 하여금 성령의 이끄심을 기꺼이 따르게 하는 은총입니다.

397. 성령의 선물에는 어떤 것이 있나요?

✤ 일곱 가지 선물 곧 지혜, 통찰, 의견, 용기, 지식, 공경과 하느님에 대한 경외입니다.

398. 사람이 악을 행하면 어떻게 되나요?
✤ 죄를 짓게 됩니다.

399. 죄는 무엇인가요?
✤ 죄는 하느님에 대한 모욕이며, 하느님께 복종하지 않고 반항하는 것입니다.

400. 모든 죄의 뿌리는 어디에 있나요?
✤ 사람의 마음속에 있습니다.

401. 죄의 경중에 따라 죄를 나눌 수 있나요?
✤ 예, 죽을죄(대죄)와 용서받을 죄(소죄)로 나눕니다.

402. 죽을죄는 무엇인가요?
✤ 하느님 법을 크게 어기는 어떤 행위를 통하여 인간 마음 안에 있는 사랑을 파괴하고 하느님 사랑에서 우리를 갈라놓는 죄입니다.

403. 용서받을 죄는 무엇인가요?

✚ 하느님 법을 경미하게 어기는 어떤 행위를 통하여 사람 마음속의 사랑에 흠집을 내는 죄입니다.

404. 죽을죄가 되기 위한 세 가지 조건은 무엇인가요?

✚ 중대한 문제를 대상으로 하고, 완전히 의식하면서, 고의로 저지르는 경우입니다.

405. 사람이 죽을죄를 지은 채 죽는다면 어떻게 되나요?

✚ 하느님 나라에서 추방되고 지옥의 영원한 죽음을 당합니다.

406. 죽을죄가 용서될 수 있나요?

✚ 예, 죽을죄들은 고해성사를 통해 용서됩니다.

제2장 인류 공동체

407. 인간은 사회적 존재인가요?
- 예, 인간은 공동체를 이루어 살도록 부르심을 받은 사회적 존재입니다.

408. 인간 공동체가 하느님의 모상을 지녔나요?
- 예, 신적 위격의 결합과 사람들 간의 결합 사이에 유사성이 있기 때문입니다.

409. 왜 인간은 사회 안에서 함께 살아가야 하나요?
- 이는 인간 본성의 요구이며, 모든 인간은 사회 안에서 성장하고 발전하기 때문입니다.

410. 모든 사회 제도의 근본, 주체, 목적은 무엇인가요?
- 모든 사회 제도의 근본도 주체도 목적도 인간이며 또 인간이어야 합니다.

411. 모든 사회의 임무는 무엇이어야 하나요?

✥ 모든 사회는 사람들이 덕을 닦고, 함께 살아가며, 정의로운 가치 체계를 존중하도록 도와주어야 합니다.

412. 인간은 사회에 어떻게 참여하나요?

✥ 개별 책임을 통한 공동선을 추구하며 참여합니다.

413. 사회가 발전하고 성장하기 위해서는 무엇이 필요한가요?

✥ 사회를 다스릴 권위가 필요합니다.

414. 권위란 무엇인가요?

✥ 한 개인이나 기관이 사람들에게 법률을 공포하고 명령을 내리며, 또한 그들의 복종을 기대할 수 있는 '자격'을 말합니다.

415. 권위는 어디로부터 나오나요?
- 권위는 하느님에게서 나옵니다.

416. 권위는 언제 합법적인 방법으로 행사되나요?
- 도덕적으로 정당한 방법들을 사용하여 사회 공동선을 추구할 때입니다.

417. 공동선은 무엇인가요?
- 개인 또는 집단이 더욱 충만하고 용이하게 자기완성을 이루도록 하는 사회생활 조건의 총체를 말입니다.

418. 공동선의 본질적 요소는 무엇인가요?
- 공동선의 본질적 요소는 세 가지로, 인간의 인격적 존중, 사회의 안녕과 발전, 그리고 안전과 평화입니다.

419. 사회는 무엇을 추구해야 하나요?
✤ 사회는 모든 사회 정의를 추구하며 이를 위해 노력해야 합니다.

420. 사회 정의는 무엇인가요?
✤ 모든 사람이 자신의 권리를 행사할 수 있게 하는 조건들의 총체입니다.

421. 인격의 존중은 무엇을 의미하나요?
✤ 인간의 존엄성에서 비롯되는 권리를 존중하는 것입니다.

422. 사람들 사이의 차이를 어떻게 설명하나요?
✤ 사람들 사이의 차이는 그들 서로 간의 사랑을 불러일으키기 위한 하느님의 계획에 속합니다. 그러나 지나친 불평등은 이기주의의 결과입니다.

423. 인간의 존엄성은 무엇을 요구하나요?

✣   지나친 사회적 경제적 불평등을 줄이기 위한 노력을 요구합니다.

424. 연대성의 원리는 무엇인가요?

✣   인간적이고 그리스도인다운 형제애가 요구하는 것으로, 영적 물질적 재화를 나눔으로써 더욱 공정한 사회 질서를 이루는 것입니다.

제3장 하느님의 구원: 법과 은총

425. 죄 때문에 상처 입은 인간이 참행복에 이르려면 무엇이 필요한가요?

✣   하느님의 구원이 필요합니다.

426. 구원은 무엇인가요?

✥ 예수 그리스도의 죽음과 부활을 통해 받는 하느님의 선물입니다.

427. 인간은 어떻게 구원에 이르게 되나요?

✥ 예수 그리스도께 대한 믿음과 하느님 법에 의해 살도록 우리의 행위를 이끄는 은총과의 자유로운 협력을 통해 구원에 이르게 됩니다.

428. 법은 무엇인가요?

✥ 법은 자격이 있는 권위(신적 또는 인간적)가 공동선을 위해 공포한 행동 규칙입니다.

429. 도덕률은 무엇인가요?

✥ 도덕률은 약속된 행복으로 인도하는 길과 행동 규범을 인간에게 제시해 주며, 하느님의 사랑에서 벗어나게 하는 악의 길을 피하라는 명령입니다.

430. 도덕률은 누구 안에서 완전해지나요?

✤ 도덕률은 법의 마침이며 완덕의 길인 예수 그리스도 안에서 완전해집니다.

431. 자연법은 무엇인가요?

✤ 자연법은 인간에게 선과 악이 무엇이며, 진리와 거짓이 무엇인지를 이성으로써 식별할 수 있게 하는 타고난 도덕의식의 표현입니다.

432. 자연법의 특징은 어떤 것인가요?

✤ 자연법의 특징은 두 가지, 보편성과 불변성입니다.

433. 계시된 법은 무엇인가요?

✤ 옛 법과 새 법을 포함한 성경 안에서 하느님께서 우리에게 주신 법입니다.

434. 옛 법은 무엇인가요?

✤ 계시된 법의 첫 단계 법이며, 그 명령은 십계명 안에 요약되어 있습니다.

435. 새 법, 곧 복음의 법은 무엇인가요?
✤ 자연법과 계시된 법인 하느님의 법을 완성한 것으로, 사랑의 계명(산상 설교)에 나타나 있습니다. 새 법은 성령의 은총으로 인간의 마음에 새겨져 있습니다.

436. 새 법과 옛 법은 어떤 관계가 있을까요?
✤ 새 법은 옛 법을 완성하고, 능가하며, 완전하게 합니다.

437. 의화란 무엇인가요?
✤ 의화란 아무 대가 없이 우리의 죄를 없애시고, 우리를 의롭고 거룩하게 하시는 하느님의 자비로운 행위입니다. 우리는 예수 그리스도의 수난과 죽음

과 부활의 공로로 의롭게 되었습니다.

438. 의화는 어떤 측면을 지니고 있나요?
✥ 두 가지 측면이 있습니다. 첫째는 하느님께 향하는 것이고, 둘째는 죄로부터 멀어지는 것입니다.

439. 언제 우리에게 의화가 주어지나요?
✥ 세례를 받음으로써 주어집니다.

440. 의화의 목적은 무엇인가요?
✥ 의화의 목적은 하느님과 그리스도께 영광을 드리고, 인간에게는 영원한 생명의 선물을 주는 것입니다.

441. 의화는 무엇을 필요로 하나요?
✥ 하느님의 은총과 인간의 자유 사이에 협력을 필요로 합니다.

442. 은총은 무엇인가요?

✤ 우리가 하느님의 생명에 참여하고, 거룩함으로 초대하시는 당신의 부름에 응답할 수 있도록 하느님께서 거저 베푸시는 선물입니다.

443. 하느님의 은총은 몇 가지 주요한 방법으로 표현되나요?

✤ 두 가지 주요한 방법, 성화 은총과 조력 은총으로 표현됩니다.

444. 성화 은총(또는 신화 은총)은 무엇인가요?

✤ 성화 은총은 영혼을 거룩하게 하며, 인간이 하느님과 일치하여 살고, 하느님의 사랑으로 행동할 수 있도록 하는 상존(常存) 은총입니다.

445. 조력 은총은 무엇인가요?

✤ 조력 은총은 하느님께서 개입하시어 우리가 회개

하고 성화하도록 도와주는 은총입니다.

446. 카리스마는 무엇인가요?
✛ 카리스마는 특별한 은총으로 성화 은총의 성장을 위한 것이며 교회의 공동선을 목적으로 합니다.

447. 은총은 감각적인 선물인가요?
✛ 하느님의 은총은 감각으로 감지될 수 없으며, 신앙과 그 열매를 통해서만 인식될 수 있습니다.

448. 공로는 무엇을 의미하나요?
✛ 선한 행실에 대해 마땅히 주는 보상을 의미합니다.

449. 사람이 하느님 앞에서 공로를 내세울 수 있나요?
✛ 인간 스스로 내세울 수 없습니다. 하느님께서 인간을 당신 은총의 업적에 참여하도록 안배하셨기 때문입니다.

450. 하느님 앞에 모든 공로의 원천은 무엇인가요?

✣ 우리 안에 살아 있는 그리스도의 사랑입니다.

451. 그리스도인의 성덕은 무엇인가요?

✣ 모든 신자들의 소명인 그리스도교 생활의 완성과 사랑의 완덕입니다.

452. 완덕의 길은 왜 십자가를 통해 가는 길이라고 말하나요?

✣ 자아 포기와 영적 싸움 없이는 성덕도 있을 수 없기 때문입니다.

453. 그리스도인은 성덕의 소명을 어디에서 실현하나요?

✣ 교회 안에서 세례 받은 모든 신자와 친교를 이루며 실현합니다.

454. 그리스도인의 행위와 성덕의 소명은 어떻게 양육되나

요?

✠ 전례와 성사 거행 그리고 교회의 다섯 가지 법규(성교5규)를 통해 양육됩니다.

455. 교회의 법규는 어떤 것인가요?

✠ 첫째, 주일과 의무 축일에는 미사에 참여할 것. 둘째, 최소한 일 년에 한 번은 고해성사를 볼 것. 셋째, 적어도 일 년에 한 번 부활 시기에 성체를 받아 모실 것. 넷째, 교회가 정한 날에 금식재와 금육재를 지킬 것. 다섯째, 교회의 필요(유지비)를 지원할 것입니다.

456. 교회의 금식재 규정은 어떻게 실행하나요?

✠ 성체를 영하기 한 시간 전에 아무런 음식도 먹지 않으며, 재의 수요일과 성금요일은 단식하는 날로 최소한의 필요한 음식만 먹습니다(다만 만 60세 미만의 성인까지 의무임).

457. 금육재는 어떻게 실행하나요?

✜ 사순절의 모든 금요일과 보속의 날에 육식을 금합니다(다만 만 14세부터 의무임).

제2부 십계명

458. 교회의 사목자들은 가르치는 임무를 어떻게 실행하나요?

✥ 보통 교리 교육과 설교를 통해 실행합니다.

459. 하느님의 법 십계명은 무엇인가요?

✥ 구약 성경이 전하는 하느님의 열 마디 말씀들로, 신약(새 계약)에서 예수 그리스도를 통하여 그 완전한 의미가 선포되었습니다.

460. 우리는 십계명을 의무적으로 지켜야 하나요?

✥ 예, 예수님 자신이 "영원한 생명에 들어가려면 계명들을 지켜라."(마태 19,17 참조) 하고 분명하게 선언하셨기 때문입니다.

461. 십계명에는 어떤 것들이 있나요?

✥ 하느님의 계명들은 열 가지입니다.

일. 한 분이신 하느님을 흠숭하여라.

이. 하느님의 이름을 함부로 부르지 마라.

삼. 주일을 거룩히 지내라.

사. 부모에게 효도하여라.

오. 사람을 죽이지 마라.

육. 간음하지 마라.

칠. 도둑질을 하지 마라.

팔. 거짓 증언을 하지 마라.

구. 남의 아내를 탐내지 마라.

십. 남의 재물을 탐내지 마라.

제1장 네 마음을 다하고 네 목숨을 다하고 네 정신을 다하여 주 너의 하느님을 사랑해야 한다

462. 예수님은 하느님에 대한 인간의 의무를 어떻게 요약하셨나요?

✥ "네 마음을 다하고 목숨을 다하고 뜻을 다하여 주님이신 너희 하느님을 사랑하여라."(마태 22,37)는 말씀으로 요약하셨습니다.

463. 첫째 계명은 무엇을 명하나요?

✥ 모든 것 위에 하느님을 믿고 희망하고 사랑할 것을 명합니다.

464. 믿음을 거스르는 죄는 무엇인가요?

✥ 믿음을 거스르는 죄는 불신과 이단과 배교입니다.

465. 희망을 거스르는 죄는 무엇인가요?

✤ 희망을 거스르는 죄는 절망과 자만입니다.

466. 사랑을 거스르는 죄는 무엇인가요?
✤ 사랑을 거스르는 죄는 무관심, 배은, 냉담, 영적 게으름, 하느님에 대한 증오입니다.

467. 향주덕이 요구하는 행위들은 무엇인가요?
✤ 하느님을 흠숭하고, 하느님께 기도하고, 그분께 마땅한 예배를 드리고, 하느님께 드린 약속과 서원을 지키는 것입니다.

468. 첫째 계명은 사람에게 어떤 권리를 부여하나요?
✤ 개인적으로나 사회적으로 하느님께 예배를 드리고, 공적으로나 사적으로 종교를 알리는 권리입니다.

469. 첫째 계명을 거스르는 주요한 죄는 무엇인가요?
✤ 미신과 우상 숭배, 점, 마술 혹은 주술, 신성 모독

과 성직 매매, 무신론과 불가지론입니다.

470. 성화상 공경이 첫째 계명에 어긋나나요?
✥ 어긋나지 않습니다. 성화상 공경은 성화에 그려진 분을 공경하는 것이고 그 사람들을 통해 모든 거룩함의 주인이신 하느님께서 공경을 받으시는 것이기 때문입니다.

471. 둘째 계명은 무엇인가요?
✥ 둘째 계명은 "하느님의 이름을 함부로 부르지 마라."입니다.

472. 둘째 계명은 우리에게 무엇을 가르치나요?
✥ 하느님의 이름과 모든 거룩한 것을 존경할 것을 가르칩니다.

473. 둘째 계명은 우리에게 무엇을 금하나요?

✣ 하느님과 예수 그리스도, 동정 마리아와 모든 성인들의 이름을 무례하게 사용하는 것을 금합니다.

474. 둘째 계명을 존중한다는 것은 무슨 의미인가요?
✣ 하느님의 이름으로 한 서약과 정당한 맹세를 존중한다는 의미입니다.

475. 누가 하느님의 이름으로 거짓 맹세를 하는 사람인가요?
✣ 자신이 확언한 것에 하느님을 증인으로 내세우거나, 맹세를 하고 나서 그 약속을 저버리는 사람입니다.

476. 하느님의 이름을 헛되이 부르는 것은 정당한가요?
✣ 아니요, 그것은 존경해야만 하는 하느님에 대한 중대한 위반입니다.

477. 거짓 맹세를 하는 사람은 어떤 사람인가요?

✜ 지킬 생각이 없는 것을 맹세를 하거나, 맹세를 한 것을 지키지 않는 사람입니다.

478. 세례명이 지니는 의미는 무엇인가요?

✜ 그 성인의 보호와 중재 아래 있음을 의미합니다.

479. 그리스도인은 어떻게 자신의 하루와 기도와 활동을 시작해야 하나요?

✜ 그리스도인은 "성부와 성자와 성령의 이름으로, 아멘." 하고 십자 성호를 그으며 기도와 하루 여정을 시작합니다.

480. 셋째 계명은 무엇인가요?

✜ 셋째 계명은 "주일을 거룩히 지내라."입니다.

481. 셋째 계명은 무엇을 명하나요?

✥ 신자들은 주일과 그 밖의 의무 축일을 거룩히 지내고 적당한 휴식을 취하라고 명합니다.

482. 주일을 거룩히 지내라는 의미는 무엇인가요?

✥ 신자들이 하느님께 공적 예배를 드리기 위한 시간을 갖고, 가난한 사람들 안에서 그리스도께 봉사하며, 내적 생활이 다져지도록 반성, 침묵, 묵상 등의 시간을 가지라는 의미입니다.

483. 의무 축일의 의미는 무엇인가요?

✥ 정당한 면제 사유가 있지 않는 한 의무적으로 미사에 참여해야 하는 날을 의미합니다.

484. 한국 교회의 의무 축일은 언제인가요?

✥ 모든 주일과 주님 탄생 대축일, 천주의 성모 마리아 대축일, 성모 승천 대축일로 미사 참례의 의무가 있습니다.

485. 이 의무를 고의적으로 지키지 않으면 어떻게 되나요?

✢ 대죄를 범하게 됩니다. 또한 하느님께 드릴 예배의 의무를 거부하고 그분의 은총을 거절한 게 됩니다.

486. 주일의 제정은 좋은 사회 제도인가요?

✢ 예, 가정, 문화, 사회 그리고 종교 생활을 영위하는 데 필요한 휴식을 제공하기 때문입니다.

제2장 네 이웃을 네 자신처럼 사랑해야 한다

487. 넷째 계명은 무엇인가요?

✢ 넷째 계명은 "부모에게 효도하여라."입니다.

488. 넷째 계명은 무엇을 명하나요?

✢ 우리의 부모와 하느님께서 우리의 선익을 위해 권

위를 부여하신 모든 사람들을 공경하고 존중할 것을 명합니다.

489. 왜 우리는 부모를 공경하고 존중해야 하나요?
✤ 우리는 부모에게서 생명과 그리스도교 신앙과 교육을 받았기 때문입니다.

490. 부모에 대한 자녀의 의무는 무엇인가요?
✤ 자녀들은 부모를 존경하고 감사하며 올바르게 순종하고, 부모가 노년과 병환 중에 있을 때 물질적 정신적 도움을 드려야 합니다.

491. 자녀에 대한 부모의 의무는 무엇인가요?
✤ 부모는 자녀들에게 신앙과 기도와 모든 덕을 가르치며, 최선을 다하여 자녀들에게 물질적으로 또 영적으로 필요한 것을 제공해 주어야 합니다.

492. 자녀의 직업이나 생활 양식에 대한 부모의 의무는 무엇인가요?

✣ 자녀들의 결정을 존중하고 현명한 조언으로 후원해 주어야 합니다.

493. 시민 사회에 대한 공권력의 의무는 무엇인가요?

✣ 인간의 기본권을 존중하고, 각 사람들의 권리를 존중하면서 공동선의 요구에 따라 정의가 실현되도록 하여야 합니다.

494. 공권력에 대한 시민 사회의 의무는 무엇인가요?

✣ 정의로운 사회와 연대 의식의 건설을 위해 공권력과 협력하는 것입니다.

495. 언제 시민들이 공권력의 규정을 따르지 않을 의무가 있나요?

✣ 공권력의 명령이 도덕이나 기본 인권이나 복음의

가르침 등에 어긋날 때입니다.

496. 교회가 정치 질서에 관한 일에 윤리적인 판단을 내릴 때는 언제일까요?
✢ 교회가 인간의 기본권과 영혼들의 구원 그리고 공동선의 수호를 요구할 때입니다.

497. 다섯째 계명은 무엇인가요?
✢ 다섯째 계명은 "사람을 죽이지 마라."입니다.

498. 사람은 왜 다른 사람을 죽여서는 안 되나요?
✢ 인간의 생명은 신성하기 때문입니다.

499. 왜 사람의 생명이 신성할까요?
✢ 인간은 하느님을 닮은 모습으로 창조되었기 때문입니다.

500. 사람의 생명은 언제부터 신성한가요?

✢   임신되는 순간부터 죽을 때까지 생명은 신성합니다.

501. 사람을 죽이는 것은 무엇을 손상시키는 행위인가요?

✢   인간의 존엄성과 창조주의 거룩하심을 크게 손상시키는 행위입니다.

502. 우리는 자신을 방어할 권리를 가지고 있나요?

✢   모든 인간은 정당하고 적합한 방법으로 하느님께서 주신 생명을 지킬 권리와 의무가 있습니다.

503. 다섯째 계명을 거스르는 죄는 무엇인가요?

✢   고의적 살인, 낙태, 안락사 그리고 자살입니다.

504. 다섯째 계명은 무엇을 명하나요?

✢   생명 존중, 건강 존중, 죽은 이들에 대한 존경 그리고 평화의 보호를 명합니다.

505. 이밖에 무엇을 금하나요?

✢ 이미 언급한 다섯째 계명이 금하는 죄들 외에 악한 표양, 마약 사용, 테러와 고문, 전쟁과 무기 경쟁을 금지합니다.

506. 여섯째 계명은 무엇인가요?

✢ 여섯째 계명은 "간음하지 마라."입니다.

507. 교회를 위한 여섯째 계명에 대한 처방은 무엇인가요?

✢ 교회는 여섯째 계명을 인간의 성 전체에 관계되는 계명으로 이해하며, 인간의 성은 정결의 덕으로 자제할 것을 요구하고 있습니다.

508. 정결은 무엇인가요?

✢ 정결은 이성의 요구와 자기 소명에 따라 성적 욕구를 통제하고 자제하는 덕입니다.

509. 정결은 무엇을 필요로 하나요?

✣ 하느님의 은총의 도우심으로 자신의 정욕을 억제하는 것을 배우고, 정결을 실천할 수단들을 마련하는 것이 필요합니다.

510. 모든 그리스도인은 정결해야 하나요?

✣ 예, 모든 그리스도인은 각자의 신분에 알맞게 정결한 생활을 해야 합니다.

511. 정결은 무엇을 위한 것인가요?

✣ 정결은 우정과 사랑 안에서 이웃에게 온전한 자아를 선사하기 위한 것입니다.

512. 정결을 거스르는 죄는 무엇인가요?

✣ 방탕, 자위행위, 사음, 포르노, 매매춘, 강간, 동성애 행위입니다.

513. 절제된 성(性)은 무엇을 위한 것인가요?
✥ 절제된 성은 남녀의 부부애와 혼인 행위 안에서의 자녀 출산을 위한 것입니다.

514. 혼인의 목적은 무엇인가요?
✥ 부부 자신들의 선익과 생명의 전달입니다.

515. 출산의 책임은 무엇을 의미하나요?
✥ 부부가 교육할 수 있는 수의 자녀를 출산하는 것을 의미합니다. 이는 부부가 하느님 앞에서 도덕적 숙고를 통해 내리는 결정입니다.

516. 출산의 조절은 정당한가요?
✥ 예, 그러나 정당한 이유가 있을 때만 자연 조절법을 통해 가능합니다.

517. 부부 사랑을 거스르는 죄는 무엇인가요?

✥ 간음, 이혼, 일부다처제, 근친상간, 성적 학대, 내연의 관계입니다.

518. 일곱째 계명은 무엇인가요?
✥ 일곱째 계명은 "도둑질을 하지 마라."입니다.

519. 일곱째 계명은 무엇을 명하나요?
✥ 지상의 재물과 인간이 노동을 통해 얻은 결실을 관리함에 있어서 정의와 사랑을 실천할 것을 명합니다.

520. 그 외의 다른 요구들은 무엇인가요?
✥ 모든 피조물을 존중하기를 요구합니다. 곧 창조주께서 인간을 위해 세상에 마련해 두신 동물, 식물, 광물을 존중할 것을 명합니다.

521. 사람에게 개인 소유의 권리가 있나요?

✥ 예, 있습니다. 그러나 이 권리는 모든 재물의 보편적 목적을 존중해야 합니다.

522. 일곱째 계명은 무엇을 금하나요?
✥ 도둑질, 부정한 물가 조절, 계약 위반, 부당한 임금 지불, 수표와 영수증 위조, 과도한 지출(탕진/낭비), 공적·사적 재물의 남용, 타인의 존재를 노예로 만드는 모든 행위를 금합니다.

523. 경제 활동의 목적은 무엇인가요?
✥ 이윤이나 경제력 신장만이 아니라 인간에게 필요한 것을 마련해 주는 것입니다.

524. 경제 활동은 인간에 대한 하느님의 계획에 부응하기 위해 무엇을 해야 하나요?
✥ 사회 정의에 따라 도덕적 질서의 경계 안에서 움직여야 합니다.

525. 노동이 의무인 이유는 무엇인가요?

✥ 인간은 하느님의 모습으로 창조되어 모든 이의 선익을 위해 창조 사업을 계속하라는 부르심을 받았으므로 노동은 하나의 의무입니다.

526. 노동의 정당한 열매는 무엇인가요?

✥ 노동의 정당한 열매는 공정한 임금입니다.

527. 교회는 가난한 이들을 특별히 사랑하나요?

✥ 예, 예수님께서 가난한 사람들을 특별히 사랑하셨기 때문입니다.

528. 우리도 가난한 사람들의 궁핍을 도와야 하나요?

✥ 예, 정의와 사랑의 의무를 위하여, 또한 "너희가 여기 있는 형제 중에 가장 보잘것없는 사람 하나에게 해 준 것이 바로 나에게 해 준 것이다."(마태 25,40)라고 말씀하신 예수님을 기억하면서 도와야

합니다.

529. 여덟째 계명은 무엇인가요?

✣ 여덟째 계명은 "거짓 증언을 하지 마라."입니다.

530. 여덟째 계명은 무엇을 명하나요?

✣ 타인에게 항상 진리를 말하기를 명합니다.

531. 진리는 무엇인가요?

✣ 진리란 행동과 말로써 진실함을 보여 주고 이중성과 위선을 피하게 하는 덕입니다.

532. 그리스도교 진리에 대한 최상의 증거는 무엇인가요?

✣ 그리스도교 신앙과 교리를 위해 목숨을 바치는 순교입니다.

533. 여덟째 계명을 거스르는 죄는 무엇인가요?

✣ 거짓 증언과 거짓 맹세, 경솔한 판단, 비방과 중상, 지나친 찬사나 아부나 아첨, 자랑이나 허풍, 빈정거림, 거짓말 또는 조작입니다.

534. 거짓말은 무엇인가요?
✣ 거짓말은 속이려는 의도로 거짓을 말하는 것이며, 이웃과의 관계 안에서 진실을 왜곡하는 것입니다.

535. 여덟째 계명을 거슬러 죄를 범한 사람은 무엇을 해야 하나요?
✣ 진실을 거스른 죄에 대한 배상의 의무를 실행해야 합니다.

536. 진실을 말하지 않을 권리는 언제 허용되나요?
✣ 진실을 알 권리가 없는 사람이 특정한 사람(들)에 관한 정보를 요구할 때입니다.

537. 그러한 경우는 언제인가요?

✣ 그러한 경우는 고해성사의 비밀, 직업상의 비밀, 비밀을 지킨다는 조건으로 들은 말, 타인에게 해를 끼치는 사사로운 정보를 요구할 때입니다.

538. 아홉째 계명은 무엇인가요?

✣ 아홉째 계명은 "남의 아내를 탐내지 마라."입니다.

539. 아홉째 계명은 우리를 무엇으로부터 지켜 주나요?

✣ 우리를 무질서와 육체의 욕망으로부터 지켜 줍니다.

540. 아홉째 계명은 무엇을 명하나요?

✣ 모든 것을 하느님의 눈으로 보기 위한 깨끗한 마음을 가질 것을 명합니다.

541. 그리스도인은 자신의 육체와 이웃의 육체를 무엇으로 여기나요?

✦ 성령께서 머무시는 성전으로 여깁니다.

542. 그리스도인은 깨끗한 마음을 지니고 육체의 욕망을 이기기 위해 어떻게 싸워야 하나요?
✦ 기도와 정결의 덕, 시선과 의향의 순수성, 그리고 성사들을 통하여 싸워야 합니다.

543. 마음의 정결이 요구하는 덕목은 무엇인가요?
✦ 마음의 정결은 정숙의 덕을 요구합니다.

544. 그러면 정숙의 덕은 무엇인가요?
✦ 정숙은 사랑의 신비를 보호하고, 시선과 몸짓과 말을 단정히 하면서 인간의 내밀함을 보호하는 덕입니다.

545. 열째 계명은 무엇인가요?
✦ 열째 계명은 "남의 재물을 탐내지 마라."입니다.

546. 열째 계명은 무엇을 금하나요?
- ✥ 남의 재물에 대한 탐욕과 부와 권력에 대한 무절제한 욕망을 금합니다.

547. 열째 계명은 무엇을 명하나요?
- ✥ 자비심과 겸손 그리고 하느님께 대한 신뢰를 실천하고, 타인의 재산에 대해 기뻐하며 모든 형태의 시기심을 마음에서 몰아낼 것을 명합니다.

548. 현세 재물에 대한 무절제한 애착을 어떻게 이길 수 있나요?
- ✥ 마음의 가난으로 이겨 냅니다. "마음이 가난한 사람은 행복하다."(마태 5,3)

제4편

그리스도인의 기도

제1부 그리스도인의 삶과 기도

제1장 기도에 대한 계시

549. 그리스도인의 기도는 무엇인가요?

✦ 기도는 하느님을 향하여 마음을 들어 올리는 것이며 성부, 성자, 성령과 맺는 인격적이며 생생한 관계입니다.

550. 기도의 기초는 무엇인가요?

✦ 모든 기도의 기초는 겸손입니다.

551. 우리는 어떻게 기도해야 하나요?

✦ 온 마음과 정신을 다하여 기도해야 합니다.

552. 구약 성경에 나타난 기도는 어떠한가요?

- ✤ 아브라함과 야곱, 모세, 다윗과 예언자들이 보여 주듯이 인간 역사와 관련되어 있는 기도입니다.

553. 구약 성경에 수록된 기도의 걸작은 무엇인가요?
- ✤ 그리스도 안에서 완성되는 시편입니다.

554. 신약 성경에 나타난 기도의 완전한 모범은 무엇인가요?
- ✤ 기도의 완전한 모범은 아버지께 드린 예수님의 기도입니다.

555. 기도에 관하여 예수님은 우리에게 무엇을 가르치시나요?
- ✤ 언제나 하느님의 뜻을 찾으면서, 믿음과 자녀다운 신뢰, 겸손과 항구함을 가지고 기도해야 한다고 가르치십니다.

556. 동정 마리아의 기도는 어떤 특성을 지니고 있나요?

✤ 믿음 안에서 당신의 전 존재를 아낌없이 바치는 특성을 지니고 있습니다.

557. 누가 교회에게 기도를 가르치나요?

✤ 성령께서 가르치십니다.

558. 성령께서 교회에 가르치신 기도의 형태는 무엇인가요?

✤ 다섯 가지 형태로, 찬미, 청원, 전구, 감사, 찬양입니다.

559. 찬미 기도는 어떤 기도인가요?

✤ 모든 축복의 샘이신 하느님께 찬미를 드리는 것입니다.

560. 청원 기도는 어떤 기도인가요?

✢ 용서와 하느님 나라의 도래, 그리고 필요한 것을 청하는 기도입니다.

561. 전구는 어떤 기도인가요?
✢ 전구는 다른 사람을 위해 청원하는 기도입니다.

562. 감사 기도는 어떤 기도인가요?
✢ 모든 기쁨과 고통, 모든 사건과 필요에 대해 하느님께 감사드리는 기도입니다.

563. 찬양 기도는 어떤 기도인가요?
✢ 찬양은 하느님이시기에 하느님을 기리며, 하느님이시기에 영광을 드리는 기도입니다.

564. 그리스도인은 이러한 모든 형태의 기도를 언제 바치나요?
✢ 매 순간 바치며, 특히 미사의 성찬례 거행 때 바칩

니다.

565. 인간의 고통이 기도로 변화될 수 있나요?
✠ 예수 그리스도의 모범을 따르며 봉헌하는 인간의 고통은 기도로 변화될 수 있으며 또 변화되어야 합니다.

제2장 기도의 전통

566. 그리스도교 기도의 원천은 무엇인가요?
✠ 기도의 원천은 그리스도이시며 그분 샘에서 솟아나는 하느님의 말씀, 거룩한 전례 그리고 우리를 믿음, 희망, 사랑 안에서 성장하게 하는 매일의 사건들입니다.

567. 우리의 기도는 누구를 향해야 하나요?

✢ 예수 그리스도를 통하여, 성령과의 일치 안에서 우선적으로 성부께 향해야 합니다.

568. 기도 안에서 성령의 역할은 무엇인가요?
✢ 성령은 그리스도인이 드리는 기도의 내적 스승이십니다.

569. 기도 안에서 마리아의 역할은 무엇인가요?
✢ 마리아는 그리스도인이 드리는 기도의 유일한 길이신 당신의 아드님 그리스도를 우리에게 보여 주십니다.

570. 지극히 거룩하신 동정녀께 드리는 주요 기도는 무엇인가요?
✢ 성모송과 묵주 기도입니다.

571. 기도의 길잡이는 누구인가요?

✣ 교회가 성인으로 인정하는 분들로 우리보다 먼저 하늘 나라에 들어간 증인들입니다.

572. 성인들은 우리를 어떻게 도와주나요?
✣ 성인들의 모범적 삶과, 전해 오는 글 그리고 전구를 통해서 도와줍니다.

573. 기도의 첫 번째 장소는 어디인가요?
✣ 기도를 가르치는 첫 번째 장소인 그리스도인의 가정입니다.

574. 기도를 드리기에 더 적합한 장소는 어디인가요?
✣ 성당이나 기도실이며, 특히 성당은 전례 기도와 성체 조배를 위해서 가장 알맞은 장소입니다. 그러나 세상 가운데 살아가는 모든 그리스도인은 어떤 장소에서든 기도하는 법을 배워야 합니다.

제3장 기도 생활

575. 교회가 권장하는 기도들은 어떤 것인가요?

✣ 아침·저녁 기도와 식사 전·후 기도, 성무일도와 주일 미사 그리고 전례주년에 따른 축일 등을 통해 정기적으로 기도하라고 권장합니다.

576. 기도의 일반적인 형태는 어떤 것인가요?

✣ 세 가지 형태인 소리 기도, 묵상 기도, 관상 기도입니다.

577. 소리 기도는 무엇인가요?

✣ 소리 기도는 말을 통해 드리는 기도입니다. 말로 기도를 드리면서 우리의 마음은 우리가 말씀드리는 그분께 향하는 것입니다.

578. 묵상 기도는 무엇인가요?

✣ 묵상 기도는 생각을 사용하여 드리는 기도입니다. 복음서나 성화상 등의 적절한 도움을 받아 하느님의 말씀을 더 깊이 이해하고, 하느님께서 바라시는 바에 응답하고자 하는 기도입니다.

579. 관상 기도는 무엇인가요?

✣ 관상 기도는 예수님과의 내밀한 일치입니다. 그것은 "우리를 사랑하시는 하느님과 친밀한 우정의 관계를 맺는 것"(성녀 데레사)입니다.

580. 기도의 주된 어려움은 어떤 것들인가요?

✣ 분심과 마음의 메마름입니다.

581. 그리스도인은 기도의 어려움에 직면하여 어떻게 싸워야 하나요?

✣ 믿음과 겸손, 깨어 있음, 신뢰와 인내로 싸워야 합니다.

582. 우리는 언제 기도해야 하나요?

✣ 항상 기도해야 합니다. 기도는 절대 필요한 것이며, 그리스도인의 생활과 분리될 수 없습니다.

제2부 주님의 기도 '우리 아버지'

583. 그리스도인에게 기본이 되는 기도는 무엇인가요?
✤ 기도의 스승이며 모범이신 예수님께서 가르쳐 주신 '주님의 기도'입니다.

584. 주님의 기도를 바치는 사람의 마음은 어떠해야 하나요?
✤ 단순하고 충실한 신뢰, 기쁨에 찬 확신 그리고 겸손한 대담성을 가지고 기도해야 합니다.

585. 우리는 어떻게 하느님을 아버지라고 부를 수 있나요?
✤ 하느님께서 사람이 되신 아드님을 통해 우리가 당신의 자녀임을 드러내셨으며, 성령께서 그것을 우리에게 알려 주셨기 때문입니다.

586. "우리 아버지"는 무슨 의미인가요?

✤ 이 기도는 우리가 하느님 아버지와 친교를 이루고 있으며, 그리스도 안에서 하느님의 자녀이며 형제들임을 드러냅니다.

587. "하늘에 계신"은 무슨 의미일까요?

✤ 하느님의 위엄을 가리키고, 하느님께서 모든 의인들의 마음 안에 현존하심을 의미합니다.

588. 주님의 기도 청원은 몇 가지인가요?

✤ 일곱 가지 청원이며 두 부분으로 나뉩니다. 첫 세 가지 청원은 하느님의 영광이 그 목적이며, 나머지 네 가지 청원들은 우리의 소망과 필요를 아버지께 말씀드리는 것입니다.

589. 첫 세 가지 청원은 무엇인가요?

✤ 세 가지 청원은, 첫째 "아버지의 이름이 거룩히 빛

나시며", 둘째 "아버지의 나라가 오시며", 셋째 "아 버지의 뜻이 하늘에서와 같이 땅에서도 이루어지소서."입니다.

590. "아버지의 이름이 거룩히 빛나시며"라고 기도할 때 우리는 무엇을 청하나요?
✥ 하느님의 거룩함이 우리를 통하여 모든 사람에게 나타나기를 청합니다.

591. "아버지의 나라가 오시며"라고 기도할 때 우리는 무엇을 청하나요?
✥ 하느님의 나라가 우리의 삶과 세상에 성장하기를 청하며, 그리스도의 재림과 하느님 나라의 도래를 청합니다.

592. "아버지의 뜻이 이루어지소서."라고 기도할 때 우리는 무엇을 청하나요?

✜ 아드님의 순명에 우리를 결합시켜 주시고 아버지의 구원 계획을 지상에서 이룰 수 있기를 청합니다.

593. 주님의 기도의 나머지 네 가지 청원은 무엇인가요?
✜ 네 가지 청원은, 첫째 "오늘 저희에게 일용할 양식을 주시고", 둘째 "저희에게 잘못한 이를 저희가 용서하오니 저희 죄를 용서하시고", 셋째 "저희를 유혹에 빠지지 않게 하시고", 넷째 "악에서 구하소서."입니다.

594. "오늘 저희에게 일용할 양식을 주시고"라고 기도할 때 우리는 무엇을 청하나요?
✜ 모든 사람의 생존에 필요한 이 세상의 양식과 생명의 빵인 하느님의 말씀과 그리스도의 몸을 청합니다.

595. 다섯째 청원에서 우리는 무엇을 청하나요?

✥ 우리의 잘못에 대한 하느님의 자비를 간청합니다. 그러나 우리가 타인을 용서할 줄 알아야 하느님께서도 우리를 용서해 주실 것이기 때문입니다.

596. "저희를 유혹에 빠지지 않게 하시고"라고 기도할 때 우리는 무엇을 청하나요?
✥ 죄로 이끄는 길로 우리가 들어서는 것을 허락하지 마시고, 끝까지 항구하게 하는 은총을 청합니다.

597. "악에서 구하소서."라고 기도할 때 우리는 무엇을 청하나요?
✥ 사탄에 대한 당신의 승리를 드러내시고, 과거와 현재와 미래의 모든 악으로부터 우리를 자유롭게 해 주시기를 청합니다.

598. "아멘"이라고 말할 때 우리는 무엇을 청하나요?
✥ 일곱 가지 청원이 그대로 이루어지기를 청합니다.